You are never too old to enjoy solving Su Doku puzzles, and never too young either!

"I was introduced to Su Doku by my wife, who got hooked on the puzzle and could not find enough grids. In January 2005, I wrote her a program to generate new puzzles, and three months later, was approached by *The Independent* newspaper to supply Su Doku puzzles for their new daily games page. Books soon followed …

"Su Doku is logic stripped down to its bare minimum, an elegant, appealing simplicity…For people of all ages, it's especially a great concentration-builder for young people who have lost some simple but creative pleasures, like pen-and-pencil games."

—Mark Huckvale, author of *The Big Book of Su Doku*

"Crossword lovers, move over.…In theory, anyone who can count can solve Su Doku, but the underlying complexity is what has attracted millions worldwide.…It's a puzzle in which skill trumps smarts."   —*USA Today*

"Dubbed the Rubik's Cube of the 21st Century, Su Doku requires no math, just reasoning and logic. Anyone with patience and the capacity to count to nine can win."

—*Ventura County Star* (California)

"Su Doku is a fiendishly addictive puzzle that has been stumping players from Taiwan to Tbilisi."—*Time* Magazine

THE BIG
BOOK OF
SU DOKU

Compiled by Mark Huckvale

 Newmarket Press • New York

First published in the U.K. by Orion Books August 2005
First published in the U.S. by Newmarket Press September 2005

This book is published in the United States of America.

First Edition

ISBN 1-55704-703-0

10 9 8 7 6 5 4 3

Library of Congress Cataloging-in-Publication Data available upon request.

QUANTITY PURCHASES
Companies, professional groups, clubs, and other organizations may qualify for special terms when ordering quantities of this title. For information, write Special Sales Department, Newmarket Press, 18 East 48th Street, New York, NY 10017; call (212) 832-3575; fax (212) 832-3629; or e-mail info@newmarketpress.com.

www.newmarketpress.com

Manufactured in the United States of America.

SU DOKU BOOKS PUBLISHED BY NEWMARKET PRESS

The Big Book of Su Doku #1 (1-55704-703-0)
    by Mark Huckvale

The Big Book of Su Doku #2 (1-55704-704-9)
    by Mark Huckvale

Junior Su Doku (1-55704-706-5)

Junior Su Doku Christmas (1-55704-707-3)

Contents

Mini Puzzles 1–10
Complete the grids so that every row, every column and every 2x2 box contains the digits 1–4

Midi Puzzles 11–20
Complete the grids so that every row, every column and every 2x3 box contains the digits 1–6

Easy Puzzles 21–30
Complete the grids so that every row, every column and every 3x3 box contains the digits 1–9

Moderate Puzzles 31–70

Tricky Puzzles 71–110

Difficult Puzzles 111–150

Challenging Puzzles 151–190

Super Puzzles 191–200
Complete the grids so that every row, every column and every 4x4 box contains the digits 0–9 and the letters A–F

Preface

If you haven't yet come across Su Doku, it was originally a Japanese creation. As a nation the Japanese love puzzles – most of the ones they devise are logic puzzles based on pictures or numbers. Every day, you can see thousands of Japanese commuters poring over their puzzles. Su Doku has caught on in the United Kingdom, and now the interest is moving quickly to the United States and other countries.

The beauty of Su Doku is twofold: You don't need to know any specific language or learned information to do it; and there is always, if the puzzle has been set correctly, one and only one solution, solvable by reasoning and elimination, with no need for guesswork.

The term Su Doku translates into something like 'number placing' – but don't let the word 'number' put you off: You don't need to be good at math. Su Doku is a pure logic puzzle, and the numbers are merely symbols; they could just as well be pictures of flowers or geometric shapes. The key thing is that there are nine of them – and it just so happens that Su Doku uses the numbers 1 through 9.

Although in its modern form Su Doku comes from Japan, it may well have evolved from a simpler version devised by the eighteenth-century Swiss mathematician Leonhard Euler. Whatever the truth of that, the fact is that its introduction in the United Kingdom took the country by storm. The first puzzles were printed in the London *Times* in November 2004, creating a blizzard of correspondence in that paper, and in less than six months at least four national newspapers in the United Kingdom were publishing their own Su Doku puzzles. Bestselling books soon followed.

Then, beginning in April 2005, a Su Doku puzzle was printed for the first time in a newspaper in the United States. Within months, the phenomenon spread as puzzles began appearing daily in newspapers across the country, including the *New York Post, Washington Post, Los Angeles Times, USA Today, Boston Globe,* and *Detroit Free Press,* among others, with books to follow, including this volume.

So sample its extraordinary appeal for yourself. But beware – Su Doku is very addictive…!

Introduction to Solving Su Doku Puzzles

'If it was so, it might be; and if it were so, it would be: but as it isn't, it ain't. That's logic'

Lewis Carroll, *Through the Looking Glass*

Everyone can enjoy Su Doku puzzles. You don't need to be a mathematical genius nor even good at mental arithmetic – Su Doku puzzles are really logic puzzles that happen to use numbers. You look at the pattern that is given and work out what values the empty cells can take by reasoning alone.

A Su Doku puzzle is a 3x3 grid of boxes each of which contains a 3x3 grid of cells. Each cell can take a digit from 1 to 9 subject to these restrictions:

- Each puzzle row (horizontal line) must contain one and only one of each digit
- Each puzzle column (vertical line) must contain one and only one of each digit
- Each 3x3 box must contain one and only one of each digit

Here is a typical puzzle and solution:

3		4					5	7
		9						
			7		8			
8	2	6		7		5		3
4			3	2	9	6		
9			6					
	3	7	1					8
5	9		2				6	
1						7		

3	6	4	9	1	2	8	5	7
7	8	9	5	4	3	2	1	6
2	5	1	7	6	8	3	4	9
8	2	6	4	7	1	5	9	3
4	7	5	3	2	9	6	8	1
9	1	3	6	8	5	4	7	2
6	3	7	1	5	4	9	2	8
5	9	8	2	3	7	1	6	4
1	4	2	8	9	6	7	3	5

Notice how the grid lines help you identify the rows, columns and boxes. See how the sets of the digits are found in the rows, columns and boxes. But how do you get from the puzzle to the solution? How do you start? What is the best strategy? Of course it is fun to try and work it out for yourself, but if you would like some advice: read on!

Mini Su Doku

To make the ideas easier to follow, I'm going to describe first
how to solve 'mini Su Doku' – a variant of Su Doku that
uses a 2x2 grid of boxes containing a grid of 2x2 cells. Each
row, column and 2x2 box must contain the digits 1 to 4.
Here's a sample mini Su Doku puzzle and its solution.

		1	
4			
	2		
3			1

2	3	1	4
4	1	3	2
1	2	4	3
3	4	2	1

OK, let's use logic to solve puzzles like these.

**RULE 1: '*When you've eliminated the impossible, whatever
remains … must be the truth*'**

Arthur Conan Doyle, The Sign of Four

In this grid what values can
go in cell A? Clearly it must
be 4, because the top right
box that contains A already
has the digits 1, 2, 3. And
all boxes must contain one
of each digit.

		3	1
		2	A
	3		
4			

In this grid what values can go in cell B? Looking at the top left box, we see it must be either 1 or 2 since the box already contains 3 and 4. However if we look at the top row in the whole puzzle, we see that there is already a 1 in that row, therefore cell B must be 2.

B	3	1	
4			
	2		
3			1

Similarly in this grid, what values can go in cell C? Looking at the top left box, we see it must be either 1 or 2, since the box already contains a 3 and 4. However if we look at the leftmost column we see that it already contains a 1, therefore cell C must be 2.

C			
3	4		
		1	2
1		4	

RULE 2: '*A place for everything and everything in its place*'

Whereas Rule 1 is about eliminating values that *can't* be present in a cell, Rule 2 relies on the fact that each digit has got to go *somewhere* in each row, column or box. Instead of asking 'What digits can go in this cell?' we ask, 'Where does digit X go?'

For example, in this grid we know a 1 has to go somewhere in the bottom row, in either position A or position B. But the column that contains B already has a 1, so the 1 has to go in cell A. (Note that if we looked at cell A using Rule 1, we could not tell whether it contained a 1 or a 4.)

	1		
	3		
			4
A	B	2	3

And in this puzzle, we know that a 3 has to go somewhere in the top row. But it can't go in cells A or B because there is already a 3 in the top left box; and it can't go in C because that column already contains a 3, so the 3 must go in cell D.

A	B	C	D
3		2	
			1
		3	

RULE 3: '*Conspicuous by its absence*'

The logic we've used so far relies on the digits we've already got in the puzzle. We check the cell or the digit we're interested in against the digits we've got already. But even the empty cells can give us information! If a digit must go in either of two empty cells in a box, and those cells are in the same column, then that digit can't go elsewhere in that column. Likewise, if a digit must go into one of two possible cells that fall in the same row, the digit can't go elsewhere in that row. Here's an example:

A	B	2	1
1	C		3
3	D	1	

In this grid, we know the top row contains a 4, but does it go in cell A or cell B? There aren't any other 4s in the puzzle to help us, but look at cells C and D. One of these cells must be a 4 (because the lower left box already contains a 1 and 3), although we don't know which. But – and this is the key

– whichever cell it goes into, there will be a 4 in the second puzzle column, so cell B cannot be a 4. So the 4 in the top row must go into cell A.

We can use the same logic in this puzzle. We know that there must be a 1 in the first column, in one of the cells A, B or C. It can't go in C, because that row already contains a 1. It can't go in B, because one of D or E must contain a 1. So a 1 must go into cell A.

A		3	2
B		D	E
3			
C	1		

Moving up to the full puzzles

The rules above work just as well in the full Su Doku puzzles in this book. We'll look at one complete example.

2	4					9		3
1		8					4	F
A	6				4	1	5	8
7	8	6	2	3	1	4	9	
4		1				3	6	
						7	8	
9	1	3		8			2	7
6	B	C					1	
D	E	7	6		9		3	

We can find out what goes into cell A using Rule 1. We can eliminate the digits 1, 2, 4, 6 and 8 because those digits are already present in the same box as A. We can also eliminate 7 and 9, since they occur in the same column as A. Lastly, we can eliminate 5, since there is already a 5 in the same row as A. By elimination, A must be 3.

We can find out where the 8 goes in the lower left box using Rule 2. We know that an 8 must go in cells B, C, D or E. But there is already an 8 in the second column, so it can't go in cells B or E. There is also an 8 in the third column, so it can't go in cell C. So the 8 must go into cell D.

We can find out what goes into cell F using Rule 3. We can eliminate the digits 1, 3, 4, 5, 8 and 9 since they are already in the top right box, and we can also eliminate 7 since there is already a 7 in the last column. This leaves 2 and 6. But the middle box on the right is missing 2, and wherever it goes it must go in the last column, so F cannot be 2: it must be 6.

That's all there is to it!

You now know all you need to know to tackle the puzzles in the book, which are arranged in increasing order of difficulty. We start with some very easy 'mini Su Doku' puzzles, then some full Su Doku puzzles that will help you hone your skills. As you get better, though, and complete more puzzles, they get harder. You'll need to use all three Rules to tackle the hardest puzzles in the book. As a special bonus, the book ends with a few 'Super' Su Doku puzzles, on a larger grid, that are not for the faint-hearted! If you finish these, award yourself the title of Su Doku Wizard!

Mark Huckvale

PUZZLES

1

		3	
		2	4
3	1		
2			

	1	3	4
		2	
3			

3

3			
4			2
	3	1	

2	3		
			1
1		4	3

5

4	1		
	2	4	
	3		
		2	

1	4		
3		1	
		2	

3		4	
			1
	2		

2	1		
	4		
		3	4
		2	

9

		1	4
2			
4			3

1		3	
		4	
	3		
	1		3

2	5	4	3	1	6
1	6	3	2	4	5
5	1	2	6	3	4
4	3	6	1	5	2
6	4	1	5	2	3
3	2	5	4	6	1

5		3		2	
			5		1
	6	2			
		4		6	

	4				
3					2
4	5				
		2			1
5			1	6	
		3			

	5			2	4
4			1		
1				6	
				1	
3					
		4	2		

			6	1	
4	3		6	1	
2	4				
5			3		
1	2				
					6

6				1	
	1				5
		3		2	
				5	
		6			
2		1	5	6	4

1	6			3	
			6		
	5				2
		3	1		5
4					

		3	5		
					2
	6				
1		5			
	3	6	1		
			4		

		6			
	2				3
6		2			5
			6		
	6	5			
		4		1	

2					
		5			
5					
6		3		1	
			6		
	4			2	1

4	8	6	9	2	3	7	5	1
1	2	5	6	8	7			
9	3	7	5	4	1	8	6	2
7	9	4	1	5	8			
3	5	2	4	6	9		8	
6	1	8	3	7	2	4	9	5
5	4	1	7	9	6	3	2	8
8	6	9	2	3	4	5	1	7
2	7	3	8	1	5	6	4	9

Easy

7	3	9	4	6	2	8	1	5
6	8	1	7	5	9	3	4	2
5	4	2	3	8	1	9	6	7
3	1	5	2	9	7	4	8	6
9	6	7	8	1	4	5	2	3
8	2	4	5	3	6	1	7	9
2	7	3	1	4	5	6	9	8
1	9	8	6	7	3	2	5	4
4	5	6	9	2	8	7	3	1

5	1	6	4	4	7	1	3	8
9	8	4	6	5	3	9	7	2
2	7	3	9	8	1	6	4	5
1	5	7	4	6	8	3	2	9
6	3	2	5	7	9	8	1	4
8	4	9	12	3	2	5	6	7
7	2	5	3	9	6	4	8	1
4	6	8	7	1	5	2	9	3
3	9	1	8	2	4	7	5	6

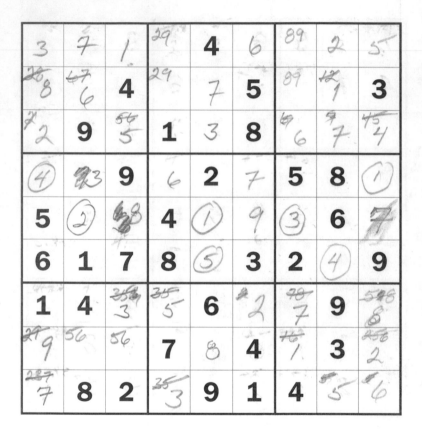

3	7	1	29 4	4	6	89	2	5
8	6	4	29	7	5	89	1	3
2	9	5	1	3	8	6	7	4
4	3	9	6	2	7	5	8	1
5	2	8	4	1	9	3	6	7
6	1	7	8	5	3	2	4	9
1	4	3	5	6	2	7	9	8
9	56	56	7	8	4	1	3	2
7	8	2	3	9	1	4	5	6

17 17

6	3	5	9	4	2	8	7	6
4	7	9	5	1	8	2	9	8
9	8	9	6	7	3	5	4	2
8	6	7	9	9	8	3	6	9
2	1	3	4	8	5	7	6	9
9	6	4	8	6	7	5	5	8
5	4	8	1	3	9	6	7	2
3	9	1	8	2	6	4	8	5
7	2	6	8	5	4	9	1	3

Easy

8	6	9	2	7	3	1	5	4
7	4	1	8	9	5	6	2	3
3	5	2	1	6	4	8	9	7
5	8	6	4	1	7	9	3	2
2	1	3	5	8	9	7	4	6
4	9	7	3	2	6	5	1	8
9	2	8	7	4	1	3	6	5
6	3	4	9	5	8	2	7	1
1	7	5	6	3	2	4	8	9

3	7	9	2	1	5	4	8	6
6	1	8	4	7	3	9	2	5
5	4	2	9	8	6	1	7	3
9	6	1	3	5	7	8	4	2
4	8	5	6	9	2	7	3	1
2	3	7	1	4	8	5	6	9
8	5	3	7	2	1	6	9	4
7	9	4	5	6	9	2	1	8
1	2	6	8	3	4	3	5	7

Easy

		6	2	8	9	5	1	7
7	5	2	3	4	1	9	8	4
8	1	9	5	7	6	4	2	3
		7	4	2	0	3	6	5
1		4	6	5	3	8	7	9
		5	9	1	7		4	2
9	7	3	1	6	(4)	2	5	8
5	6	1	8	9	2	7	(3)	4
		8	7	(3)	5	6	9	1

5	1	7	9	6	8	3	4	2
9	4	2	7	5	3	6	1	8
6	3	8	2	1	4	5	7	9
7	6	3	4	8	9	2	5	1
4	8	5	3	2	1	9	6	7
2	9	1	5	7	6	4	8	3
1	2	4	5	3	7	8	9	6
8	5	9	1	4	2	7	3	5
3	7	6	8	9	5	1	2	4

Easy

5	1	6	4	2	9	3	7	8
4	3	9	7	8	5	6	2	1
7	8	2	3	6	1	5	4	9
1	5	4	6	3	7	9	8	2
8	9	7	2	5	4	1	3	6
2	6	3	1	9	8	7	5	4
3	7	1	8	4	6	2	9	5
6	4	5	9	7	2	8	1	3
9	2	8	1	2	3	4	6	7

23

6	3	9	4	8	2	5	7	1
1	8	7	5	3	9	6	2	4
5	4	2	6	7	1	3	8	9
2	5	1	3	4	6	8	9	7
3	9	8	1	2	7	4	5	6
4	7	6	8	9	5	2	1	3
7	1	3	2	6	8	9	4	5
8	6	5	7	9	4	1	3	2
9	2	4	5	1	3	7	6	8

Moderate

5	9	8	6	3	1		2	4
1	3	2	5	4	7	9	8	6
6	7	4	8	2	9	3	1	5
3	6	1	2	7	8	4	5	9
4	8	7	1	9	5	6	3	2
2	5	9	3	6	4	1	7	8
8	1	6	4	5	3	2	9	7
7	4	3	9	8	2	5	6	1
9	2	5	7	1	6	8	4	3

8		5						
		7					2	8
	1	9	2			7		
	4	2						3
9		8						
					9	2	7	
	9		5	1			6	
			9	6		4	5	
6			4		2	8		7

Moderate

						7		1
6		2				3	8	
3	1				2			5
		5	7	4	1			9
	6				9	8		
	3			5	8	1		
		4	9	3				
		3		1		5		
			8					

5			2	1	4			9
2	6	9						
				8				
	1	8		6		7		
		5		7		6	2	8
			6	2				
1	8			4		3		
	9		5		8			7

1		7			5		3	
9			7				4	
	2							1
		5			7	1		
	8	4	1					
				8		6		4
								5
2		1	4	5			6	3
	5	6					7	

			6		4	5		
3							7	
					9			2
		5	4					
9		7				1		
					7	6	5	3
4					8			7
8	2			9				4
	1	9			6			

1								
7	9		3			6	4	
	8							
2	4			3	7			
5					1	8	2	
		8	2	6			7	9
6			7					2
					4	7		5
8		3	5	2				4

	4							
		1		3	4	6	2	
6		3					7	
			4	8	3	5		7
				5			6	
					9		4	
		5						1
8			5	4	7	3	9	6
				2	1			

Moderate

8	6		2	3	9	5		
							4	
			7	4	5	6		
		6			1		3	
	8	5	6	9	7	1	2	
9		1				7		
	7	3	9					
					2	8	5	
4			1					

				2				7
7	2	8		6			3	5
				3				
4		6						
5	7	3		1		6		
	3	2	1	7		9	5	
1	4		3	9				2
6				8	2	1	4	

Moderate

7								
			4		8		1	7
4				6				
								8
6	2				4			
		8	9	3		5	4	
3	9					2	7	
	6				9	1		5
	4		1	2			3	6

						6		4
3	4		1	9		5	2	
	8	6					3	
	5							
	7	8	5		1		4	
	1				3			
		4	7				5	
		5	3		4	1		
1	6	2						

	1	8	6			2	4	
7	6		2	3				1
		9		5			3	
	7	6	8				9	
8							7	2
			4	2		1	6	
5	8	4	7			3	1	
		7						
						8		

	2			1		8	3	4
3			9					
8		1	7			9	5	
7	8		2		6			1
2			8	7				9
	3		1					
					9			2
				2				5
6						7		

					3	5	8	
				8	4			
			7	2		1	6	3
7	2			9		8		
3	6	5		4	7	9	1	
8						3	4	
			1	5				
				6				
	9	1					2	

2		6	4		9		8	
					5			
		1		6	3		2	
					8			
6			3	7	4			8
4				5		9		
						2	1	
7		2						5
1	3		6			4	7	

Moderate

9		3	7	5	6		8	1
2	8			9				
						9		
			5	6		1	2	7
	5	7				6		
	7	8			1			2
4	6				2	7	5	9
	2							

8			2			1		
						8	2	
4		1	6	9	8	3		
2								5
	6	3	1			7		
7	8							4
				1	5			8
3								
	9	2	8	7				3

Moderate

8	5	7	2					
				9			3	5
			1			2		
9	3					1		2
7				1	6	9	8	
4		1			2	5		6
		8			5			4
6								
					9			8

				4	8	9		2
8			6	2	3			7
	2		5				1	
3			9			2		
				7	1	6	5	
6				5	2	3	7	
	6			1				8
	9			3	5	1		

Moderate

		1		3	7		4	2
8	6		9		4	3	1	
				5		7		
1	9		8	6				
					1			
							3	1
					6	5	2	3
	8	2		4			9	
6							7	

2				8				4
								6
7	1			5		2	3	
	6	3		7			8	
	2				4	5	6	
8	4							
5		2			7		4	8
		9	3	6	2			
6				4				3

Moderate

5					2	3	1	7
		7					6	
1	6	9	5			2		
				7		8	2	
			8	1	9	5		4
							9	
	8		3					
2			4		8			
		5		9	1			

7	8						6	
			4				9	
9		2	7			5		
			6					
			5	4	7	8	3	
4		5			3	6	7	
5								2
8					4	7	1	6
6	9						5	4

Moderate

3		7						
				6	8	4		
		1			7	6	5	
				4			7	
		6		5		3		4
	6	8	4		1	2		5
1		4		2	6	8	9	7
7	2	3			5			

								7
6	5	4		9				
7		3		1		9	2	
						2	7	
	9	7		2		6	8	3
8								9
			2		4	8		
	4	8			9	7	5	6
	3							

	2		5		1			
5		8				9	7	
			7		8		4	5
3		6					1	8
			3		6			
					7			
9		3						1
7	8	4	2			6		
1								3

9		2	7		3			
	5							
		8		6			7	
8	2					7	4	
	1							
3		9	4	5	1	2	8	
7	4				2	1	3	
			6	3				7
		3	5				9	

Moderate

6				5				
	4						7	1
9			3		6		5	
			5	8	2		9	
	8			4			6	
			9	6				7
		6	7	3	8			
		4	2		5			
	7						8	9

6	7					1	2	
		3		8			9	4
			3			5		
2				7			3	
	8	1						
		4				7		
9	1	5		2			8	
8							5	
		2		1	5		4	

Moderate

1	2			6	9			
		3	2			5	6	
7	4		5				1	
						4		2
							9	
						3	8	1
	1							
2	6		9	5	7	1		
	8		1	4	3			7

5							4	
			1	5				
	7	9		3				1
								2
4		3	5	6				
	5	6				3	7	
1	8	7	2					
	9						8	
	3	4					6	

8	9	1	5	4		2		
3	7	5	8		2	1		
4	2					7		
								6
		3	2				1	
			9	1				
						5	3	
			4		1	9	8	
5				2				7

							8	
	4							9
				1	2			
7	8			5		3	4	2
				2			1	
1		6	8			9		
5			7		3	4		
	1			4	9	5		6
4			5					3

		9	3	6				
					5	3	4	
1	6	3	4	2	7		9	
	9		2	5				
4				7	3	9	1	
8			9		1	2		3
7		4		3				2
	8			1				
9						6		

4		3	8				5	
	8			9		2		
5				1		6		
			9					5
	4		7					
				8	1		9	6
	5				4	7		
7	3			2				9
2	1					8	6	

Moderate

5	2		9	7		8		1
7			4	6	1			
						9	6	7
2		5		8				
8								
1	6	3						2
3		7			8	1		
6							7	
				4	2		5	3

2			4		7		6	
4			8					
	9		5		1	4	3	
			3				1	
8	5		2	1				
	4	7					2	
3		8			6	1		
	1							
				5	2	7		

Moderate

				4			2	1
		5	3			4		
	6	7		1				
		3	4		5			
	5	4		8		9		
		6						
			2		1	3		8
7						5		
6						7		4

		7						
3				7			8	5
1	2	9						
4			2	1	9		5	7
	8		4			9		
2					7	4	6	1
								8
	4		6	8			9	3
9								4

Tricky

	9	8			7	3		
1				8	3		2	6
		6				9		
6		7	3		5			4
	1	2	8		4			
		3	7	6				
			5			7		3
3	6	9					4	
	5	1						

		9		1	6	5		
		5	9					
7			3			8	6	
5			6		2		9	
		6					2	
		4	1	9	5			
6	2		5		1	9		7
1								2
			7		3		1	

		5	4					
		2	6			7		9
3								
						5		
			9				4	1
6	4	7		5			8	2
2		6		7		3		
				9			1	
	9	4	8					

9					6		2	
		5		2			8	
				3	5			9
		8	5	6				
					4		5	
	7	6	9		8			
				5	3		1	
		7	4			9		
	3					2		

Tricky

1		5	6				3	7
							1	
	2			7	5		8	
			3	4			7	
	1		8				2	9
8						6		
6	5			8		7		
	8		5	1				
	9	2						

	2	1				3	5	
8	9		3		4		2	
		3	7	5		8	9	
2	8					7		
9								
		4			1			
6	4		2	3				
	3	2	8					
5							3	

Tricky

								5
	1							
							8	9
3	5		8		2	9		
9		2		4	7	8	3	
7				3		2	5	6
4	7		9					8
6		5	3		1	7		
					8			

					3			
		8	2		4			1
8		3			1	7		4
5	1			2	9	3	8	
4	2		7				5	
9	7							8
	5		3		2	9	1	
			9	6				

Tricky

								3
6	2			9		5		
9	8						6	
			8				1	
3		7	1	2	5	9		
2			9					
1	9		2	7	8	3		
				4				
						1		

						3	9	4
9	1						8	
		6						
			6					
6				5			1	
2	4	1	9	7	8	6		
	7			8	9			5
5			1					2
1	9	4	2				3	

Tricky

	4	6	8	7		1		
2			5	3	1	9		
								4
			1					5
4			2	9	5			7
				8	7			
	1	7	6				3	8
5						6		

5				2			6	
					8	2		
4		3				1		
					9	7		
			8	6				
	1		7		3		8	
	8			7			3	6
	9	4	5		1			

9	6			8				
		4	5				8	6
8		1	2			5		
	5	3		4			7	
2		7		6		1		
				7				
1	3			5			9	
			4				5	
		2	8			6		

7	3					4		
9								
			2					
		4			1		3	
	1			2		6		7
	7		6	9	8	5		
						7	1	
		7		3	5	8	9	4
3			7		9		5	

Tricky

1				9	7	3		
						5		
					6			
			9				4	
	5	7						
		2	4		3			8
						1		6
		9	3		4	2	8	
	3	8		6				5

8					3			
					3			
			8	1	9	2	4	5
3	4		2		1			6
					4	1	9	3
5	9		3	6				2
6			9		2	3	5	
	5							
			6	7	5			9

			1					
	4		9		6		2	5
1	5		3					9
	3	2			9	8		1
				5				
			1		2			7
	2		4	9	7	5	8	6
9						2	7	
				6	8	9		

		6						
								9
				4	2		8	3
	6			1		4		7
3	4	7	6		5	9		
	5	2		9				
		5	1	2		7		
		9	8					4
							3	1

Tricky

	5	7	6	3	8	9	1	2
6	9		2					
	8			4	9	5	6	
3	4	5		2	6			
				5		3		8
	2							
		2	3			4		6
						1	5	9
							3	

5	2	7				8		
				8				
	3	8	9	2				
				4		5		
			2		8	6	4	
	1	2			7			
	6							
1			8	5	6	4		
	9		1			3	5	

Tricky

7				4			3	
		9				1		
	5	2				4		
	7		9					
8		3		5			6	
1	9	6	4	8		2		
			1	7			2	8
5						3		
3	1	7						

8		5	9	6				7
9	3	6	8		4		2	1
4	7			2	5	8		
3								
					8	6	7	
	1				6		4	3
								6
			5					
1	5	2						

Tricky

4			1	5				
3	7							4
								9
8		7	9		2	1		
	4					2		
		2			3			6
	8			2	9			
	6	4	7				5	8
	5				8			7

		5	4		7			
6							5	
			3				4	
			9				6	3
8	3	4					9	2
9	1				8			4
7	8	9					3	
1				9				
	5					9	1	6

3		1		4	9	7		
5	7	8						
			1			2		
				6	5		8	
4			7					
7	6		8			5		9
								1
	3							
9	4				3	8		6

			9	4	5			
	5	9		3		1		
		3	2			7		
			1			6		8
	1	4	7					9
	6			9	2		4	
1			5				6	
	2		6					
						9	5	7

			1	5	2			3
	8	1	6					
9						4		
					8		4	
				4		7	3	5
	7		2		5			
4		3				6		8
8	9			1				7
7			8	2				

5				1		4		
	1		8	4				7
9	3				6			2
			7		3	6		
		6				2	7	
		5						
							8	
			6					
		8			1		9	5

Tricky

9	3							4
		6	2	8	5	1		3
		2						
2		4		6				
	7			3				5
1			4	7	8	9		
	6							
			7			6	1	
4	9				6			8

		8		9	6	4		2
9	7							6
						1	5	
1	8	6					3	
5	4				3		1	
		9	2	8				
6							4	8
8	3	5			7			

Tricky

5		3						
			9	6	8			
4					2			6
7			1					3
			5		7	1		
		6	8		3	9		
9		8			1			2
			2		9	8	4	

							3	
	1	3						6
4	9						1	2
	6	2				7		
			8			5		
8		4		1	6			
					5			8
9				3	7			5
	2			9				

Tricky

		5		9				7
3			2	1		9		
2	8		5	6				3
9				8		3		
					4	5		
	1					2		
		1			9			
8						6	5	
6		7	8	5	2	1	3	

								7
				5				4
3	9							1
2	3						1	
	8			1	6	7	9	2
6				7	8	3		
9		8	1	6		2		
	7		4	2	9			
	6			3	7			

Tricky

1	8			5		2		7
						6	9	
		7	3			4	2	
	5	9						
3	6	2	8		7	9	1	
7		1		2		3		
			1		6	5	4	
			4	3	9	7		

	4					2		
			6					1
6			3		4		5	
8		4				7		
			5	1				9
							3	2
	9		8			6		
	8			3				7
	3	1			2			

Tricky

		7						
		3			7		4	
				1	3	5		6
2			8		6			
						2		
	1				2	9	8	
	6	9	4					
				5	8			
					9	8		2

				9				
	7				6	1	8	9
2	1		3	7		5	4	
	4	5	9		3			
1						9		
3	9	2	6	8		4	1	
			4		7	2	9	
	8		5					

1					7	9		
	2		6				8	
4	5		2	3				
9			7			4	1	5
5					2			
							6	
					8	2		1
		7	9		4			
	4				6		9	

111

						6		
	1			4	5			
	5	3	9		7	8		
	9				1			
	6	5	2	8		7		1
1	8		4	7				6
		8	1			3		
5			7				6	
2				3	4			

Difficult

			1				6	
	9		7			1		
			8	9	6	3		
							4	6
6		7	5	8				2
		8	9	7	1	2		
2	1		6		8			
4		9						

						7		
	3			1	6	2	8	9
8	6		3	2	9		4	5
	2		4			8		
4		1						
		6			3			
	5	8	6	9	2			
9		2		4	8	3		

Difficult

		1	9	2	4	3	5	
3				1	7			9
2	6	9	8	3		4		
	9					1		
	5		2					
					8			3
8			3	4	1		2	

						5	7	
7		8	9			3		6
		5	1	7			8	
3						1	9	4
		4		3	9		2	8
	9					6		
8		9		4			5	
5				6	7			
						8		

Difficult

		4					3	
	8							5
	9			3	6	4	8	
2	4							
	3		7		5		4	
1	6	5			4			2
	5			9	3	8		
					2			4
		9	8	6	7			

	7		1				4	
			9	7	6			5
9		3	4	8	2		1	6
4	9	5		6				
3	1		7		8	4		
7		8	2	9		3		
5					7			
				4				
2	4	7						

Difficult

		8	2	9				4
		2						6
						9	5	
	4			1	7		2	
	7			8				
8	6	3	9		5			
7	9	4	5			8		3
							9	
		5						

4								
	3	1		7	6		9	
	7	5				8	2	
	8	6		2		9		
	5							
					4			2
9							1	3
5				1	3	2		
1						4		7

Difficult

			4			6	9	2
7					5	4		1
		1	2	9	3			5
				5			2	
	7		8	4	6			
		5	9	1		7		
		4						
	3				8	1		
9	8				4			

					8			
	8			5				3
3		2		6			9	
	4		7	8	3			
					4	9		
					5	4	3	6
7				4	2	5		1
2	9						8	
5								

Difficult

4								3
			4					
	7					1		5
9			8		5		1	4
2		5	7				6	
		6		4				
5					9		7	
7	8		1	2		9		
	9	4	5		6	8		

	9	6		3		8		
1			8	5		7	4	
					6			
				6		5		
5	2	4						
6	7							1
		3	9					
						4		
	6		4	7		1		5

Difficult

					5			
	7	5	8			3	1	6
9	1			6	3	4	5	7
		9	4	7				3
	2				9	5	7	
8	3		1				4	
5	4					2		
					6			
3								

125

4			3		9	7	8	1
2					8	4	5	3
					2	8		4
6		1				9		
	8	2	4				1	7
	1			5		6		
		9						8
7	5		2					

Difficult

			6		7		9	
6		1		5			4	
		3		4		5		
		7			9	2		
			8		1	6		
					6	7	8	3
5	4							
9	3	8						

1				6	8			
				2				8
5	2		4		1			3
					4			
3	4			5	7	1		
				9		3	2	
		9					5	
4		5	7	1			6	
6						4		

Difficult

						9	5	7
9		2						
	7							
8	9				3	6		
		5			7	3	1	
				5	6	8	4	9
5					1	7		
		3					8	4
6	8				5	1		

129

					7			3
1		6			8	5		4
4			1				8	2
6	1							
						2		
				9				
			9					
3	9		2	6		8	1	7
5	2	7	8				3	6

Difficult

			9	2	8			
					6			
		9	1			3	4	
	1				3	4	8	
		8				5		
		7						9
3				4				
			2	7		1		
7	8	1			5			4

		9		7				4
			1	6	9	2	3	
1								
				8	2		4	3
	9	2	3					
			7			8		5
3	6						5	
	2						8	
9				5				1

	5			7	9			
							6	9
3			2					
		6		1			5	8
						3	9	6
	3	5			2			
4	7				5			
				2	6	9	4	1
1		9	3					5

133

	8	7	6					3
	2						1	
				7	2	4		
		8		4		6		
	4			2				
7	3		9		1			
		2	4	1	6	9		
5							7	
8		4	7		3	1		

Difficult

	6		2					
5	9					7		
	1		9				3	
1				3	5		2	
2						6		4
9			8	6				
	7						5	
		8			4		6	
					9	2		

1	2					7	3	
		8			1		4	5
3								2
	3	2					9	6
			9					
7	9			6	2	1	5	3
			7			3		1
4								
5			2	9		8	7	

				9			6	3
			7	3				
		5	1		2	8		4
		7	6					
		9				7	1	
					1			
	7					5		
	4	3	2	8	5			
6							4	8

1	9	7	4	6		3		
2				7	3		8	
8	3			9		7	6	1
4	6		8			2		
			6			4	7	
							5	
3			2					9
6				3			1	
				4				

Difficult

	2	9		5	6			
	4							
5							9	6
		7			8			1
3				7			5	9
	5	8	6		3	2	7	
9	7			6				
				1	4		6	
2			3					

		3			7			
	5					2		
	7					3		
9	6		3					
		4		2				
		1	6	4	5	7		
					6			4
	3	2	4			6	1	
		5	1					

Difficult

				6	3	9	4	
		6				3		
9				7			6	5
					6	2	9	
1		3	5	8				
6								
7		8	1	4	9			
		5			8	1		

	8	7						4
5								3
				1	9			
	6	1						
	4	3		5				9
	7	5	9				2	
							8	
		6				9		
			5	3	4	7		

Difficult

9		4		5		1		
	6	3	7	9			2	8
	2			3				
6		2					9	
7	3						1	2
					5			
	1							
	9	8	2					
				4	9	2		7

143

		4		1			8	5
3	7	8						
	5				7	9		
			1			4		
4		5	7		9	3	6	8
2	4			7		6		
			3		4	2		1
1	3	6		9				

7		6			4			
	5				3	4	2	1
4				2			6	9
9			7		5	8		
2			8	9				
	1	8	2	4	6			3
3		7						
			3			5	4	

		3						
			9	6	2	3	4	
	4			1	3	6		
				5	6			
				2		8		9
	2			8		4	1	
	1							8
		9			7			5
3						1	7	

		8			4			
3			7	6		2		
				5		1		
			6					4
			8	9	3			
		3		7	1		2	
5	3						1	9
9	4	6	1		7			
						7		

1			2					
6							7	
	7	9			4	8		
	4							
9			3				1	8
2					7			
		3	4		6	9	5	
8	1		9	2		7	4	
					5			3

Difficult

	9	6			4			
		7	8		6			
		3					2	6
			9	4		5		7
						3		
		8	3			2	4	
3		2	4					1
9				7			5	
	8							2

	5	4			2			
		2					3	9
3	1							4
		5				4		
		1	2	7			8	6
6		3					9	5
	8						1	7
				8	7	6		
			9	1				

Difficult

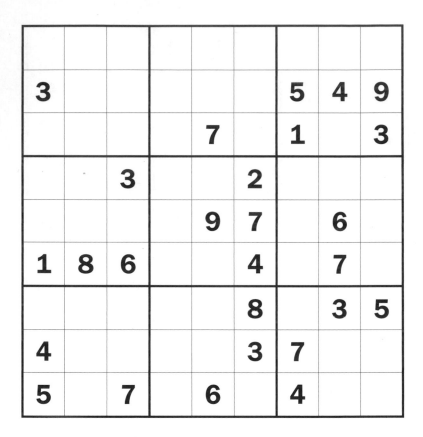

				5	1	4		
5	1	9						
6		7			3	8		
	8	3	7					6
2		8	6	7		9	1	
	4				8	5		3
		5	2			6		

8					1			9
	1		2	4	6			
	3			9				
7		6						
		8				9		4
1						2	7	
			5	3		8		
9				6		4		
4	7	3						1

2		6		9				4
					5	7	6	
5								3
6	4							
		1		3			9	8
	9	2	1					
				8			7	2
			9			4	5	6
9	6				4			

	2			8				3
	4			2	9			6
		1			6			
1			5	4	2		9	
2								8
	3	9	1					2
			9					
7				1	4	6	2	
				3		7		9

7			1				9	
			5	4	7	2		1
					6	7		4
		3	8	6				
9								8
	4						5	
4		2	7	3		1	6	5
1		6	2	5				3
	8		6					

Challenging

	8		5	2				9
5	6				3		8	
4		9	8	1			2	3
	1							2
2			9					7
3		5				8	6	4
	5							
			4	6				
				1	9			

9				5		7	8	
2	6	5	4	7		9		3
		4	9					2
	1	2	5	3		8		
3		8					6	
					6			9
						2		
8		9		2	1			6
		3				1		

Challenging

4	6			1				
			8				2	
		2						
7		3	1				4	
		1				6	9	
				4		2		7
	5	6						
	2				3			6
9	7							8

			7		9			5
		8		1			6	2
2							9	1
6				7	5			
				6		1		4
		3	8	4		6	5	
						9		
	3	2	1		6	4		
		7		8	2		1	

Challenging

3	1		9				7	
			6	3				
		7	8	5			3	
	9							
				8				3
		6		9		1	8	4
9	5	1		6	2			
							2	9
	6							5

	8	5	7				2	
1	9					8		
4		3		9	8	5		
2	3			5		4	8	
			3	7			6	
5			8		4	7		
					1			
		8	6	4				
		4						

Challenging

	1		9	3			6	
5	3		2			1		7
8					7			
					5	8		9
	4		6					
7				5	2	6		
9					1			
	5						3	

		5					8	
		4			5			
2		3		6				
1	9			5	8			
		8	6				7	
			4	1	9	2		
			5	8	6	7		2
		7				3	6	1

	5				2	3		
						5	4	
4			1					
				9		6		
	1			8		7	3	
5	9				7	1	2	
			8					
9			3	7	5			
		8					6	5

		6						7
		3			6			
4	5				3			6
8				3	1		9	
		1	2		9			
9	3	2	7		5			
					2	9	3	
	4			6	7			1
1								

Challenging

	7		2				3	5
			4		5			
					7		9	6
			3					
5	3	9		8	2	4	1	
9	5	7		4		1		
2				6	1	7		
		8				5		

			6		9			
	8	9					3	
	7	4	1			6		8
8	6		4					5
	4	7	5	2		1		
1				7	6		2	4
				6				7
		5	7					
				5	8			

	7							5
2						4		
9	8		5	4		2	7	3
5			7				6	
		9	4		2	3		7
				1				
		3						
			8					4
4	2	7	9			1	5	8

9	4	5		6	3			
				4			6	
			2			4		
	5	9			6			
			9	5	1			8
7			4					
	6						7	3
4						2	8	
1			3	9				

Challenging

	1					8	3	
		9	1				2	6
				4				7
		5	6	2				
	2							
	4			8	5	6	7	
1			7		3		6	4
5	6							
7		2	9			5		

	2	4	9					
	7			1	5	2		
3	1		7					9
7				4		3		
				7				8
	4	3		2			6	
			3	6	1	5		
2		8	5					
5	3				4			

			5	7	3			9
					6			
				4	6			
				1		2	4	
2		4	8		5			
6		7					8	1
7						9	3	4
1	3	6				5	2	7
			5			6		

2	3	8						4
1			4				9	
	9							
3	1	4	6	5				
			2	7				
					3			
								2
		7		4		5		8
9			5				6	3

5								
	7							
4			7	3	5		1	
		3		1				2
	6		3		2	4		
7					9	3	4	8
9			5		3	2		6
	2	8			4		5	1

		4	3	8	6		7	
5	6							
							1	2
7		3				2		
	1		4	3				
6		9			8			3
	9	2			1			
8	5	1					6	
			9			1		

		1	3	4				
							1	5
			2	9	1			
		2	9	6		1	8	
3		4	5		8			
					3	4	5	7
		3						
			7		6			
9							7	6

			5			6		
2	3		7	8			4	9
				1				
		4		5	2	7	3	
	1	6	9	4		8		5
			3					
	8							1
7						5	9	
			6				7	

Challenging

5	1		2				3	6
			9					8
8		9		1			4	
2	5						9	
	4					3		
		1	7	6				2
	6	3			4			9
				9	7			
		5	6	2				

A Sudoku grid (9×9) with the following given/filled values:

	7		2	8	9	4	3	1
8	1	4	7	6	3	2		
9	2	3	5	4	1	8	6	7
	6		9		2		4	
3			4	1		5		
4	9							2
	4		1				2	8
2	8				7			
	5			2		9	7	

	4	5	6					
	8		7	2	4		9	
					8			1
			2		9		7	3
4	5			1		9		
		3				1	2	
1		6			2		3	

						5	8	1
				1			9	
			2					
3	5							7
6		8	1	7	3			4
1			8	9		6	2	
	7		3		6			
5		1			4			
	6							5

					6			
	1	5				6	2	9
	9	4	5	2		7		
				4	9			
3							7	1
1	4						9	2
							8	4
	5		2					
	7				4	9		

				9				
6	5	3						
								3
	3		1	8		6	7	
1					5	3		4
7				3	9	1	2	5
5	8	1	7		3			6
	4		9	1		7	5	
		2						

Challenging

	8		7	5			1	6
	2						4	
					6	3		2
9			3					5
6	3	2						
	1			6				
								9
	5	3		2				
1					3	8		

		8		7	5			
3						8	4	9
9				4			6	
2	5							
		6	7					
				6				
				9	1			7
	1	3		5	8	2	9	4
6	8			2		3		

Challenging

9	6	3					4	
5	4	7						
							7	5
1			7		9			
				1				
3	2		8				9	
	9	2		8		3	6	
	5		6					
	3	6	1		7		5	4

			5		3	6		
			8	6		7		
		8		7	4			
	8			4	9		3	
4					8		2	6
		5	2					8
5			1		2	3		7
		4						
			4		7			9

	6		3	2			7	
4	7						3	2
			9			1	4	6
2	4		8					
		8				2		1
1					2			
		2	4	7	6	8		
6	8	9					5	4
				8				

			8	2	4	1	6	
4	1	7	3	9		5		2
6	2							3
		5	2				1	
	4					7	5	
	6			1	5			
	5				2	6		
1								
				3				8

1			3					7
4	2	8						
3								
5			6				8	
	8	4	5	3	7			6
				4		5		
			4	8	2		6	
		5					7	
6	1	2		9			3	

191

F	7	B		E		A		1			6				D
	9	1	A	F		0		8	5	D	7	E	4		C
0	5		6	9	C				B		E	A		3	
	C		E		2		B			A		7	8	6	0
E	0	5			2	F		7					1	C	
	4		8		D	C			E		5	9	3		
	2	9				1		D			A		0	4	
D	6	7		A		9	8					B		F	
9	B		D		1	3	0	C	8			F	5	A	
8	F	4	5	6	9	E	A	7	D			C	B		
6	A				7	4	5	B	F	E		1	2	D	9
7			1	D	B	F	C		A			0	4		E
5		F	9	C		6	1	2	4	0	D		7	E	
A			7		F			D	E		5	8	0		2
		0		5	E	7		F	6	3	C			1	4
C	E	6	4	0						7	B	5	D	9	F

C	4	A		5					3	8	D	0			
8	D	B				2			A			1			7
6	2		5	C	D			7	1	E	B		A	3	4
3	0		F	6		A		4	5	2	9		B		8
	3			0	B	6		E	1				7		
7				4	3	9		D			F	E	5	0	6
4	A	F	6		1			C	0			3	9	D	
B	5	E	0		8		7		2	6	A	C			
		6	3	1	7	C		2	9	5	E		4		
E	B		7		0	4	6				1		9	D	C
			B	2				3		0	6	8		A	5
	F		2		5		A	B	C	4	7		1		3
5	6	1		7					4	9		3	0		
		4	8	F	3		5	1	B	D	2	7		6	
			B		A	1			6	C	0	5		2	
		0	D	E	6	B								1	

193

0			6			C				8	5	2			B
					F	9	B				5	A	6		
	8	2		1		7		6			3	C	9	D	E
D	A	7		5	6				2			3		8	4
8		4			B				E	6		C			5
		7	F					D		2		8	3	4	1
F	D	B	1		3	8	2					7	E		
6	9		5	E	1	A	0			3	8			B	
		1	8		0						4	6	B		
C			D	2		4		7		1	0	E		F	9
		A			C	1	3	F		5	9			8	7
B	7	5	9			E	6	2	8	C	A	4	0		
E	5									0			4	3	
1	B		0		4	3		8		6				5	
	4	8	A	0	D		F		3	B	7			C	2
7	6	3		C		B			1	4			D		A

194

F	8	6	4		A		3	C			1	9	0	5	
A	5			0						2			7		
		2			9			A					1		
3	9		1	B			C	0	7	E	8	F		A	4
				E		A	8					C			0
	F	0	8	3	7		B	2	5			E			
	3	9			1	F	D	A	C	0	4		2		
	C				8	2		1		B					
	B		D	A	9	E	1		8						
	6	F	A	2		B			4				E	8	
8	7	4	3	F	6			B		9	E				C
1	0	E			8		4	3	2	A				7	9
	1			F				4	E	B			D		
B			F	1		3	0	6				A		4	E
	4			0	5	C		6			3		7		9
	A		9		B						C		8	6	F

195

				E	3									1	2
4		1	E	F	5						8	0	3		A
3	0	2	6	4	C	D			5				8	F	
	7	5								0		9		C	
B	A	F						C	6			2		5	D
				D	9		5	3	0	2					
			7						1	4			B		8
C	D		5	6			8	7	F			3	9		
		E	A	5		C	6	9		F	3			B	1
0				7				8	B			5		6	4
5	B		F	8			A	2					7		9
D	3	4	8		B		0			A	C				
	5		2		1	7						B	4	E	6
9	4							6						8	3
E			1	2			3	4				F		9	
6					4	8	E	B		3					5

		5	0	E		F	A	4	7	2			D	B	8
9	7		2	0				6			D		F		C
D				7				A	5			6			
			B	9	5	D			F			2		1	A
5	2		8					C				9			
				3		B						C		D	
				4	2	6			0						
4	0	9	A	8	C	E	5			B					7
		B	1					7	E	6		5			2
	5	4			E	3	1								
6			9						F	A			4	C	
8				2	A				3	5					F
		8	D		0	1	C	5	9	7	B	E	2	A	3
A								E	6	C	4	0			5
					2		8	F	3	0			C	9	
0				F	6			8	D	A					1

B				3									5	4	
						A	6	E	D	5	1	F	7	0	
	4	7	C						B		9			6	E
	0					2	A			4	D	B			
2	B	1	E	0				4							
	9	A		5	D		4		3	C			8		
D				E		9			F	0			4		2
	F	4	3	1					8	2	A			5	
E			4	C	5	6						F		1	
					F							C	0	2	6
C	7						B					D			
8				A				0	5		6				
		D												0	5
F	8	2		9	C			6		0		D	E	3	B
	6			8	B	A			3		2		C		7
A							7	5	9	4	1		6	8	

		C	E	0	3	1				B		A			
		D					C	4		1	8	7	2		E
	F		B			E	9					D			
8		A		4	9	2	0	3			B				
	4			0				D				8			
7			6	5	F	8			9	2	1				
	F	8	A												
9										A					
		F		C			3	A							
	4		1			D		7	E	0	B	A	F		
A	0			B	5	4	1	6	C	F	E	9	7		
5	D	E		7			9	4		6			3		
6	1				A	F	5	8			D		9		
		B	D	E	5	C	0	2	7		4			3	1
E	8	3		7	9	D				F	1	4	5	C	
			2		1	B				3		F		0	

	0	A					4	3		F					
6	9	4	2	C		F			D	5					
							3			1	8		0		
		3	8			5	0	6	C			B		2	A
2		9	A		C			B		3				D	7
			B		E				4				5		
4							D						6		
		8					B								
1		2	E	D	F	3		9		7	A	0		8	
	A	6	3	E			2				1				C
D	B	C		A	0	7		E				5		1	
0							8					9	A	E	6
			3		1	F		B	0			C	E	7	8
3			0	2				7	E				F		
	8				7			4		D	9	2	1	6	B
C	7	B	D		9					2			3	A	

			A	B	5	D		1	E	4			C		
	B		6	9		F		0	5		1				
5								3		B		6	F	A	
			4	A		3									
			7	D			C							B	
		8		5	4		7	6		C			3		2
		1	F	8	0	9			2				4		
	0	6							8	9		C	D		
			D					B					A		
		5				E		9				7			
1	8				D	7				0		5	6	9	
6	9	0	2	4	1	C		A				F	E	3	8
C		2	B				8	3	F	9	5	A	4		
4			8		3				D				1	E	
	D			9	A			1		7	8	C	2		
					C		E		A						

SOLUTIONS

1

4	2	3	1
1	3	2	4
3	1	4	2
2	4	1	3

2

2	1	3	4
4	3	1	2
1	4	2	3
3	2	4	1

3

3	2	4	1
4	1	3	2
2	3	1	4
1	4	2	3

4

2	3	1	4
4	1	3	2
3	4	2	1
1	2	4	3

5

4	1	3	2
3	2	4	1
2	3	1	4
1	4	2	3

6

1	4	3	2
2	3	4	1
3	2	1	4
4	1	2	3

7

3	1	4	2
2	4	3	1
4	2	1	3
1	3	2	4

8

2	1	4	3
3	4	1	2
1	2	3	4
4	3	2	1

9

1	4	3	2
3	2	1	4
2	3	4	1
4	1	2	3

10

1	4	3	2
3	2	4	1
2	3	1	4
4	1	2	3

11

2	5	4	3	1	6
1	6	3	2	4	5
5	1	2	6	3	4
4	3	6	1	5	2
6	4	1	5	2	3
3	2	5	4	6	1

12

6	2	1	3	5	4
5	4	3	1	2	6
4	1	5	6	3	2
2	3	6	5	4	1
3	6	2	4	1	5
1	5	4	2	6	3

13

2	4	6	3	1	5
3	1	5	6	4	2
4	5	1	2	3	6
6	3	2	4	5	1
5	2	4	1	6	3
1	6	3	5	2	4

14

6	5	1	3	2	4
4	2	3	1	5	6
1	3	5	4	6	2
2	4	6	5	1	3
3	1	2	6	4	5
5	6	4	2	3	1

Solutions

15

6	1	5	2	3	4
4	3	2	6	1	5
2	4	3	5	6	1
5	6	1	3	4	2
1	2	6	4	5	3
3	5	4	1	2	6

16

6	4	5	2	1	3
3	1	2	6	4	5
5	6	3	4	2	1
1	2	4	3	5	6
4	5	6	1	3	2
2	3	1	5	6	4

17

1	6	2	5	3	4
5	3	4	6	2	1
3	5	6	4	1	2
2	4	1	3	5	6
6	2	3	1	4	5
4	1	5	2	6	3

18

2	4	3	5	1	6
6	5	1	3	4	2
3	6	4	2	5	1
1	2	5	6	3	4
4	3	6	1	2	5
5	1	2	4	6	3

19

3	4	6	1	5	2
5	2	1	4	6	3
6	1	2	3	4	5
4	5	3	6	2	1
1	6	5	2	3	4
2	3	4	5	1	6

20

2	6	1	3	5	4
4	3	5	1	6	2
5	1	4	2	3	6
6	2	3	4	1	5
1	5	2	6	4	3
3	4	6	5	2	1

Solutions

21

4	8	6	9	2	3	7	5	1
1	2	5	6	8	7	9	3	4
9	3	7	5	4	1	8	6	2
7	1	4	3	6	8	2	9	5
3	5	2	4	7	9	1	8	6
6	9	8	1	5	2	4	7	3
5	4	1	7	9	6	3	2	8
8	6	9	2	3	4	5	1	7
2	7	3	8	1	5	6	4	9

22

7	3	9	4	6	2	8	1	5
6	8	1	7	5	9	3	4	2
5	4	2	3	8	1	9	6	7
3	1	5	2	9	7	4	8	6
9	6	7	8	1	4	5	2	3
8	2	4	5	3	6	1	7	9
2	7	3	1	4	5	6	9	8
1	9	8	6	7	3	2	5	4
4	5	6	9	2	8	7	3	1

23

5	1	6	2	4	7	9	3	8
9	8	4	6	5	3	1	7	2
2	7	3	9	8	1	6	4	5
1	5	7	4	6	8	3	2	9
6	3	2	5	7	9	8	1	4
8	4	9	1	3	2	5	6	7
7	2	5	3	9	6	4	8	1
4	6	8	7	1	5	2	9	3
3	9	1	8	2	4	7	5	6

24

3	7	1	9	4	6	8	2	5
8	6	4	2	7	5	9	1	3
2	9	5	1	3	8	6	7	4
4	3	9	6	2	7	5	8	1
5	2	8	4	1	9	3	6	7
6	1	7	8	5	3	2	4	9
1	4	3	5	6	2	7	9	8
9	5	6	7	8	4	1	3	2
7	8	2	3	9	1	4	5	6

25

6	3	5	9	4	2	8	7	1
4	7	2	5	1	8	3	9	6
1	8	9	6	7	3	5	4	2
8	6	7	3	9	1	2	5	4
2	1	3	4	8	5	7	6	9
9	5	4	2	6	7	1	3	8
5	4	8	1	3	9	6	2	7
3	9	1	7	2	6	4	8	5
7	2	6	8	5	4	9	1	3

26

8	6	9	2	7	3	1	5	4
7	4	1	8	9	5	6	2	3
3	5	2	1	6	4	8	9	7
5	8	6	4	1	7	9	3	2
2	1	3	5	8	9	7	4	6
4	9	7	3	2	6	5	1	8
9	2	8	7	4	1	3	6	5
6	3	4	9	5	8	2	7	1
1	7	5	6	3	2	4	8	9

27

3	7	9	2	1	5	4	8	6
6	1	8	4	7	3	9	2	5
5	4	2	9	8	6	1	7	3
9	6	1	3	5	7	8	4	2
4	8	5	6	9	2	7	3	1
2	3	7	1	4	8	5	6	9
8	5	3	7	2	1	6	9	4
7	9	6	5	3	4	2	1	8
1	2	4	8	6	9	3	5	7

28

3	1	6	2	8	9	5	4	7
7	5	2	3	4	1	9	8	6
4	8	9	5	7	6	1	2	3
6	9	7	4	2	8	3	1	5
1	2	4	6	5	3	8	7	9
8	3	5	9	1	7	4	6	2
9	7	3	1	6	4	2	5	8
5	6	1	8	9	2	7	3	4
2	4	8	7	3	5	6	9	1

29

5	1	7	9	6	8	3	4	2
9	4	2	7	5	3	6	1	8
6	3	8	2	1	4	5	7	9
7	6	3	4	8	9	2	5	1
4	8	5	3	2	1	9	6	7
2	9	1	5	7	6	4	8	3
1	2	4	6	3	7	8	9	5
8	5	9	1	4	2	7	3	6
3	7	6	8	9	5	1	2	4

30

5	1	6	4	2	9	3	7	8
4	3	9	7	8	5	6	2	1
7	8	2	3	6	1	5	4	9
1	5	4	6	3	7	9	8	2
8	9	7	2	5	4	1	3	6
2	6	3	1	9	8	7	5	4
3	7	1	8	4	6	2	9	5
6	4	5	9	7	2	8	1	3
9	2	8	5	1	3	4	6	7

31

6	3	9	4	8	2	5	7	1
1	8	7	5	3	9	6	2	4
5	4	2	6	7	1	3	8	9
2	5	1	3	4	6	8	9	7
3	9	8	1	2	7	4	5	6
4	7	6	8	9	5	2	1	3
7	1	3	2	6	8	9	4	5
8	6	5	9	1	4	7	3	2
9	2	4	7	5	3	1	6	8

32

5	9	8	6	3	1	7	2	4
1	3	2	5	4	7	9	8	6
6	7	4	8	2	9	3	1	5
3	6	1	2	7	8	4	5	9
4	8	7	1	9	5	6	3	2
2	5	9	3	6	4	1	7	8
8	1	6	4	5	3	2	9	7
7	4	3	9	8	2	5	6	1
9	2	5	7	1	6	8	4	3

Solutions

33

8	2	5	7	4	6	1	3	9
4	6	7	1	9	3	5	2	8
3	1	9	2	8	5	7	4	6
5	4	2	6	7	1	9	8	3
9	7	8	3	2	4	6	1	5
1	3	6	8	5	9	2	7	4
7	9	4	5	1	8	3	6	2
2	8	3	9	6	7	4	5	1
6	5	1	4	3	2	8	9	7

34

9	4	8	5	6	3	7	2	1
6	5	2	1	9	7	3	8	4
3	1	7	4	8	2	9	6	5
2	8	5	7	4	1	6	3	9
4	6	1	3	2	9	8	5	7
7	3	9	6	5	8	1	4	2
5	7	4	9	3	6	2	1	8
8	9	3	2	1	4	5	7	6
1	2	6	8	7	5	4	9	3

35

8	4	1	7	9	6	5	3	2
5	7	3	2	1	4	8	6	9
2	6	9	8	5	3	4	7	1
7	2	6	4	8	5	1	9	3
9	1	8	3	6	2	7	4	5
4	3	5	1	7	9	6	2	8
3	5	7	6	2	1	9	8	4
1	8	2	9	4	7	3	5	6
6	9	4	5	3	8	2	1	7

36

1	4	7	8	2	5	9	3	6
9	6	8	7	3	1	5	4	2
5	2	3	9	6	4	7	8	1
3	9	5	6	4	7	1	2	8
6	8	4	1	9	2	3	5	7
7	1	2	5	8	3	6	9	4
8	3	9	2	7	6	4	1	5
2	7	1	4	5	9	8	6	3
4	5	6	3	1	8	2	7	9

2	7	8	6	3	4	5	9	1
3	9	4	2	5	1	8	7	6
5	6	1	8	7	9	4	3	2
6	8	5	4	1	3	7	2	9
9	3	7	5	6	2	1	4	8
1	4	2	9	8	7	6	5	3
4	5	3	1	2	8	9	6	7
8	2	6	7	9	5	3	1	4
7	1	9	3	4	6	2	8	5

1	3	5	4	7	6	2	9	8
7	9	2	3	5	8	6	4	1
4	8	6	1	9	2	3	5	7
2	4	9	8	3	7	5	1	6
5	6	7	9	4	1	8	2	3
3	1	8	2	6	5	4	7	9
6	5	4	7	1	3	9	8	2
9	2	1	6	8	4	7	3	5
8	7	3	5	2	9	1	6	4

39

2	4	8	6	7	5	1	3	9
7	5	1	9	3	4	6	2	8
6	9	3	2	1	8	4	7	5
9	2	6	4	8	3	5	1	7
1	8	4	7	5	2	9	6	3
5	3	7	1	6	9	8	4	2
4	7	5	3	9	6	2	8	1
8	1	2	5	4	7	3	9	6
3	6	9	8	2	1	7	5	4

40

8	6	4	2	3	9	5	7	1
5	9	7	8	1	6	3	4	2
1	3	2	7	4	5	6	8	9
7	4	6	5	2	1	9	3	8
3	8	5	6	9	7	1	2	4
9	2	1	3	8	4	7	6	5
2	7	3	9	5	8	4	1	6
6	1	9	4	7	2	8	5	3
4	5	8	1	6	3	2	9	7

41

3	6	1	4	2	5	8	9	7
7	2	8	9	6	1	4	3	5
9	5	4	7	3	8	2	6	1
4	8	6	2	5	7	3	1	9
2	1	9	6	4	3	5	7	8
5	7	3	8	1	9	6	2	4
8	3	2	1	7	4	9	5	6
1	4	5	3	9	6	7	8	2
6	9	7	5	8	2	1	4	3

42

7	8	6	5	1	3	4	2	9
5	3	2	4	9	8	6	1	7
4	1	9	7	6	2	8	5	3
9	5	4	2	7	1	3	6	8
6	2	3	8	5	4	7	9	1
1	7	8	9	3	6	5	4	2
3	9	1	6	8	5	2	7	4
2	6	7	3	4	9	1	8	5
8	4	5	1	2	7	9	3	6

43

5	2	1	8	3	7	6	9	4
3	4	7	1	9	6	5	2	8
9	8	6	2	4	5	7	3	1
4	5	3	6	8	9	2	1	7
6	7	8	5	2	1	3	4	9
2	1	9	4	7	3	8	6	5
8	3	4	7	1	2	9	5	6
7	9	5	3	6	4	1	8	2
1	6	2	9	5	8	4	7	3

44

3	1	8	6	7	9	2	4	5
7	6	5	2	3	4	9	8	1
4	2	9	1	5	8	7	3	6
2	7	6	8	1	5	4	9	3
8	4	1	3	9	6	5	7	2
9	5	3	4	2	7	1	6	8
5	8	4	7	6	2	3	1	9
1	9	7	5	8	3	6	2	4
6	3	2	9	4	1	8	5	7

45

9	2	7	6	1	5	8	3	4
3	6	5	9	4	8	1	2	7
8	4	1	7	3	2	9	5	6
7	8	9	2	5	6	3	4	1
2	1	4	8	7	3	5	6	9
5	3	6	1	9	4	2	7	8
1	7	3	5	6	9	4	8	2
4	9	8	3	2	7	6	1	5
6	5	2	4	8	1	7	9	3

46

9	7	2	1	6	3	5	8	4
1	3	6	5	8	4	2	7	9
4	5	8	7	2	9	1	6	3
7	2	4	3	9	1	8	5	6
3	6	5	8	4	7	9	1	2
8	1	9	6	5	2	3	4	7
2	4	7	9	1	5	6	3	8
5	8	3	2	7	6	4	9	1
6	9	1	4	3	8	7	2	5

47

2	5	6	4	1	9	3	8	7
3	7	4	8	2	5	6	9	1
8	9	1	7	6	3	5	2	4
5	1	3	2	9	8	7	4	6
6	2	9	3	7	4	1	5	8
4	8	7	1	5	6	9	3	2
9	6	8	5	4	7	2	1	3
7	4	2	9	3	1	8	6	5
1	3	5	6	8	2	4	7	9

48

9	4	3	7	5	6	2	8	1
2	8	6	1	9	4	5	7	3
7	1	5	2	3	8	4	9	6
6	3	2	8	1	7	9	4	5
8	9	4	5	6	3	1	2	7
1	5	7	4	2	9	6	3	8
5	7	8	9	4	1	3	6	2
4	6	1	3	8	2	7	5	9
3	2	9	6	7	5	8	1	4

49

8	3	6	2	5	7	1	4	9
9	7	5	4	3	1	8	2	6
4	2	1	6	9	8	3	5	7
2	1	4	7	8	6	9	3	5
5	6	3	1	4	9	7	8	2
7	8	9	5	2	3	6	1	4
6	4	7	3	1	5	2	9	8
3	5	8	9	6	2	4	7	1
1	9	2	8	7	4	5	6	3

50

8	5	7	2	6	3	4	9	1
1	6	2	7	9	4	8	3	5
3	4	9	1	5	8	2	6	7
9	3	6	5	8	7	1	4	2
7	2	5	4	1	6	9	8	3
4	8	1	9	3	2	5	7	6
2	9	8	3	7	5	6	1	4
6	7	4	8	2	1	3	5	9
5	1	3	6	4	9	7	2	8

51

5	7	3	1	4	8	9	6	2
8	1	9	6	2	3	5	4	7
4	2	6	5	9	7	8	1	3
3	5	7	9	6	4	2	8	1
9	8	2	3	7	1	6	5	4
6	4	1	8	5	2	3	7	9
2	6	5	7	1	9	4	3	8
1	3	4	2	8	6	7	9	5
7	9	8	4	3	5	1	2	6

52

9	5	1	6	3	7	8	4	2
8	6	7	9	2	4	3	1	5
2	4	3	1	5	8	7	6	9
1	9	4	8	6	3	2	5	7
3	2	6	5	7	1	9	8	4
5	7	8	4	9	2	6	3	1
4	1	9	7	8	6	5	2	3
7	8	2	3	4	5	1	9	6
6	3	5	2	1	9	4	7	8

2	9	6	7	8	3	1	5	4
3	5	4	2	1	9	8	7	6
7	1	8	4	5	6	2	3	9
1	6	3	9	7	5	4	8	2
9	2	7	8	3	4	5	6	1
8	4	5	6	2	1	3	9	7
5	3	2	1	9	7	6	4	8
4	8	9	3	6	2	7	1	5
6	7	1	5	4	8	9	2	3

5	4	8	9	6	2	3	1	7
3	2	7	1	8	4	9	6	5
1	6	9	5	3	7	2	4	8
9	5	4	6	7	3	8	2	1
6	7	2	8	1	9	5	3	4
8	1	3	2	4	5	7	9	6
7	8	1	3	2	6	4	5	9
2	9	6	4	5	8	1	7	3
4	3	5	7	9	1	6	8	2

55

7	8	4	2	9	5	1	6	3
1	5	6	4	3	8	2	9	7
9	3	2	7	6	1	5	4	8
3	7	8	6	1	9	4	2	5
2	6	9	5	4	7	8	3	1
4	1	5	8	2	3	6	7	9
5	4	1	3	7	6	9	8	2
8	2	3	9	5	4	7	1	6
6	9	7	1	8	2	3	5	4

56

3	8	7	2	1	4	5	6	9
6	4	2	5	9	3	7	1	8
5	1	9	7	6	8	4	2	3
4	9	1	8	3	7	6	5	2
8	3	5	6	4	2	9	7	1
2	7	6	1	5	9	3	8	4
9	6	8	4	7	1	2	3	5
1	5	4	3	2	6	8	9	7
7	2	3	9	8	5	1	4	6

9	1	2	4	8	3	5	6	7
6	5	4	7	9	2	3	1	8
7	8	3	6	1	5	9	2	4
3	6	1	9	4	8	2	7	5
4	9	7	5	2	1	6	8	3
8	2	5	3	7	6	1	4	9
5	7	9	2	6	4	8	3	1
2	4	8	1	3	9	7	5	6
1	3	6	8	5	7	4	9	2

4	2	7	5	9	1	8	3	6
5	1	8	6	3	4	9	7	2
6	3	9	7	2	8	1	4	5
3	7	6	9	4	2	5	1	8
8	4	1	3	5	6	2	9	7
2	9	5	1	8	7	3	6	4
9	6	3	8	7	5	4	2	1
7	8	4	2	1	3	6	5	9
1	5	2	4	6	9	7	8	3

59

9	6	2	7	4	3	5	1	8
1	5	7	8	2	9	4	6	3
4	3	8	1	6	5	9	7	2
8	2	5	3	9	6	7	4	1
6	1	4	2	7	8	3	5	9
3	7	9	4	5	1	2	8	6
7	4	6	9	8	2	1	3	5
5	9	1	6	3	4	8	2	7
2	8	3	5	1	7	6	9	4

60

6	2	7	4	5	1	9	3	8
3	4	5	8	2	9	6	7	1
9	1	8	3	7	6	4	5	2
7	6	3	5	8	2	1	9	4
2	8	9	1	4	7	5	6	3
4	5	1	9	6	3	8	2	7
1	9	6	7	3	8	2	4	5
8	3	4	2	9	5	7	1	6
5	7	2	6	1	4	3	8	9

61

6	7	8	5	4	9	1	2	3
1	5	3	7	8	2	6	9	4
4	2	9	3	6	1	5	7	8
2	9	6	1	7	4	8	3	5
7	8	1	2	5	3	4	6	9
5	3	4	6	9	8	7	1	2
9	1	5	4	2	7	3	8	6
8	4	7	9	3	6	2	5	1
3	6	2	8	1	5	9	4	7

62

1	2	5	4	6	9	8	7	3
8	9	3	2	7	1	5	6	4
7	4	6	5	3	8	2	1	9
9	7	8	3	1	6	4	5	2
4	3	1	8	2	5	7	9	6
6	5	2	7	9	4	3	8	1
3	1	7	6	8	2	9	4	5
2	6	4	9	5	7	1	3	8
5	8	9	1	4	3	6	2	7

63

5	6	1	9	7	2	8	4	3
3	4	2	1	5	8	7	9	6
8	7	9	6	3	4	5	2	1
7	1	8	3	4	9	6	5	2
4	2	3	5	6	7	9	1	8
9	5	6	8	2	1	3	7	4
1	8	7	2	9	6	4	3	5
6	9	5	4	1	3	2	8	7
2	3	4	7	8	5	1	6	9

64

8	9	1	5	4	7	2	6	3
3	7	5	8	6	2	1	9	4
4	2	6	1	9	3	7	5	8
1	5	9	7	3	4	8	2	6
7	6	3	2	8	5	4	1	9
2	8	4	9	1	6	3	7	5
9	4	2	6	7	8	5	3	1
6	3	7	4	5	1	9	8	2
5	1	8	3	2	9	6	4	7

Solutions

65

6	7	1	3	9	5	2	8	4
2	4	5	6	7	8	1	3	9
9	3	8	4	1	2	7	6	5
7	8	9	1	5	6	3	4	2
3	5	4	9	2	7	6	1	8
1	2	6	8	3	4	9	5	7
5	6	2	7	8	3	4	9	1
8	1	3	2	4	9	5	7	6
4	9	7	5	6	1	8	2	3

66

5	4	9	3	6	8	1	2	7
2	7	8	1	9	5	3	4	6
1	6	3	4	2	7	5	9	8
3	9	1	2	5	6	7	8	4
4	2	6	8	7	3	9	1	5
8	5	7	9	4	1	2	6	3
7	1	4	6	3	9	8	5	2
6	8	5	7	1	2	4	3	9
9	3	2	5	8	4	6	7	1

67

4	2	3	8	6	7	9	5	1
6	8	1	4	9	5	2	3	7
5	9	7	3	1	2	6	8	4
8	6	2	9	4	3	1	7	5
1	4	9	7	5	6	3	2	8
3	7	5	2	8	1	4	9	6
9	5	8	6	3	4	7	1	2
7	3	6	1	2	8	5	4	9
2	1	4	5	7	9	8	6	3

68

5	2	6	9	7	3	8	4	1
7	8	9	4	6	1	2	3	5
4	3	1	8	2	5	9	6	7
2	7	5	1	8	6	3	9	4
8	9	4	2	3	7	5	1	6
1	6	3	5	9	4	7	8	2
3	4	7	6	5	8	1	2	9
6	5	2	3	1	9	4	7	8
9	1	8	7	4	2	6	5	3

69

2	8	1	4	3	7	5	6	9
4	3	5	8	6	9	2	7	1
7	9	6	5	2	1	4	3	8
6	2	9	3	7	5	8	1	4
8	5	3	2	1	4	6	9	7
1	4	7	6	9	8	3	2	5
3	7	8	9	4	6	1	5	2
5	1	2	7	8	3	9	4	6
9	6	4	1	5	2	7	8	3

70

3	9	8	5	4	7	6	2	1
1	2	5	3	6	8	4	7	9
4	6	7	9	1	2	8	5	3
9	7	3	4	2	5	1	8	6
2	5	4	1	8	6	9	3	7
8	1	6	7	9	3	2	4	5
5	4	9	2	7	1	3	6	8
7	8	1	6	3	4	5	9	2
6	3	2	8	5	9	7	1	4

71

8	5	7	1	6	3	2	4	9
3	6	4	9	7	2	1	8	5
1	2	9	5	4	8	3	7	6
4	3	6	2	1	9	8	5	7
7	8	1	4	5	6	9	3	2
2	9	5	8	3	7	4	6	1
6	1	3	7	9	4	5	2	8
5	4	2	6	8	1	7	9	3
9	7	8	3	2	5	6	1	4

72

2	9	8	6	4	7	3	1	5
1	7	5	9	8	3	4	2	6
4	3	6	1	5	2	9	7	8
6	8	7	3	2	5	1	9	4
5	1	2	8	9	4	6	3	7
9	4	3	7	6	1	8	5	2
8	2	4	5	1	9	7	6	3
3	6	9	2	7	8	5	4	1
7	5	1	4	3	6	2	8	9

Solutions

73

4	8	9	2	1	6	5	7	3
3	6	5	9	7	8	2	4	1
7	1	2	3	5	4	8	6	9
5	3	1	6	8	2	7	9	4
8	9	6	4	3	7	1	2	5
2	7	4	1	9	5	6	3	8
6	2	3	5	4	1	9	8	7
1	4	7	8	6	9	3	5	2
9	5	8	7	2	3	4	1	6

74

8	7	5	4	2	9	1	6	3
4	1	2	6	3	8	7	5	9
3	6	9	7	1	5	8	2	4
9	8	1	2	4	6	5	3	7
5	2	3	9	8	7	6	4	1
6	4	7	3	5	1	9	8	2
2	5	6	1	7	4	3	9	8
7	3	8	5	9	2	4	1	6
1	9	4	8	6	3	2	7	5

75

9	8	3	7	4	6	5	2	1
7	6	5	1	2	9	3	8	4
4	1	2	8	3	5	6	7	9
3	4	8	5	6	2	1	9	7
1	2	9	3	7	4	8	5	6
5	7	6	9	1	8	4	3	2
6	9	4	2	5	3	7	1	8
2	5	7	4	8	1	9	6	3
8	3	1	6	9	7	2	4	5

76

1	4	5	6	9	8	2	3	7
9	7	8	4	2	3	5	1	6
3	2	6	1	7	5	9	8	4
2	6	9	3	4	1	8	7	5
5	1	4	8	6	7	3	2	9
8	3	7	9	5	2	6	4	1
6	5	1	2	8	4	7	9	3
7	8	3	5	1	9	4	6	2
4	9	2	7	3	6	1	5	8

7	2	1	9	8	6	3	5	4
8	9	5	3	1	4	6	2	7
4	6	3	7	5	2	8	9	1
2	8	6	4	9	3	7	1	5
9	1	7	5	2	8	4	6	3
3	5	4	6	7	1	9	8	2
6	4	9	2	3	5	1	7	8
1	3	2	8	6	7	5	4	9
5	7	8	1	4	9	2	3	6

2	9	6	7	8	3	4	1	5
8	1	4	6	9	5	3	7	2
5	3	7	2	1	4	6	8	9
3	5	1	8	6	2	9	4	7
9	6	2	5	4	7	8	3	1
7	4	8	1	3	9	2	5	6
4	7	3	9	5	6	1	2	8
6	8	5	3	2	1	7	9	4
1	2	9	4	7	8	5	6	3

79

2	4	9	5	1	6	8	7	3
1	6	5	8	7	3	4	9	2
7	3	8	2	9	4	5	6	1
8	9	3	6	5	1	7	2	4
5	1	7	4	2	9	3	8	6
4	2	6	7	3	8	1	5	9
9	7	2	1	4	5	6	3	8
6	5	4	3	8	2	9	1	7
3	8	1	9	6	7	2	4	5

80

5	7	1	4	8	6	2	9	3
6	2	4	7	9	3	5	8	1
9	8	3	5	1	2	4	6	7
4	5	9	8	3	7	6	1	2
3	6	7	1	2	5	9	4	8
2	1	8	9	6	4	7	3	5
1	9	6	2	7	8	3	5	4
7	3	5	6	4	1	8	2	9
8	4	2	3	5	9	1	7	6

8	2	7	5	1	6	3	9	4
9	1	3	7	2	4	5	8	6
4	5	6	8	9	3	2	7	1
7	3	5	6	4	1	8	2	9
6	8	9	3	5	2	4	1	7
2	4	1	9	7	8	6	5	3
3	7	2	4	8	9	1	6	5
5	6	8	1	3	7	9	4	2
1	9	4	2	6	5	7	3	8

1	9	5	4	2	6	7	8	3
3	4	6	8	7	9	1	5	2
2	7	8	5	3	1	9	4	6
8	5	1	7	6	3	2	9	4
7	2	9	1	4	8	3	6	5
4	6	3	2	9	5	8	1	7
6	3	4	9	8	7	5	2	1
9	1	7	6	5	2	4	3	8
5	8	2	3	1	4	6	7	9

83

5	7	8	1	2	4	3	6	9
9	6	1	3	5	8	2	7	4
4	2	3	6	9	7	1	5	8
8	5	6	2	1	9	7	4	3
3	4	7	8	6	5	9	1	2
2	1	9	7	4	3	6	8	5
1	8	5	9	7	2	4	3	6
6	9	4	5	3	1	8	2	7
7	3	2	4	8	6	5	9	1

84

9	6	5	7	8	4	3	2	1
3	2	4	5	1	9	7	8	6
8	7	1	2	3	6	5	4	9
6	5	3	1	4	2	9	7	8
2	8	7	9	6	5	1	3	4
4	1	9	3	7	8	2	6	5
1	3	8	6	5	7	4	9	2
7	9	6	4	2	1	8	5	3
5	4	2	8	9	3	6	1	7

85

7	3	8	9	1	6	4	2	5
9	4	2	3	5	7	1	6	8
1	5	6	2	8	4	3	7	9
8	6	4	5	7	1	9	3	2
5	1	9	4	2	3	6	8	7
2	7	3	6	9	8	5	4	1
4	9	5	8	6	2	7	1	3
6	2	7	1	3	5	8	9	4
3	8	1	7	4	9	2	5	6

86

1	2	5	8	9	7	3	6	4
8	4	6	1	3	2	5	7	9
7	9	3	5	4	6	8	2	1
3	8	1	9	7	5	6	4	2
4	5	7	6	2	8	9	1	3
9	6	2	4	1	3	7	5	8
5	7	4	2	8	9	1	3	6
6	1	9	3	5	4	2	8	7
2	3	8	7	6	1	4	9	5

87

8	1	5	4	2	6	9	3	7
4	2	9	7	5	3	6	1	8
7	6	3	8	1	9	2	4	5
3	4	8	2	9	1	5	7	6
2	7	6	5	8	4	1	9	3
5	9	1	3	6	7	4	8	2
6	8	7	9	4	2	3	5	1
9	5	2	1	3	8	7	6	4
1	3	4	6	7	5	8	2	9

88

2	6	9	7	1	5	3	4	8
7	4	3	9	8	6	1	2	5
1	5	8	3	2	4	7	6	9
4	3	2	6	7	9	8	5	1
6	1	7	8	5	3	4	9	2
8	9	5	1	4	2	6	3	7
3	2	1	4	9	7	5	8	6
9	8	6	5	3	1	2	7	4
5	7	4	2	6	8	9	1	3

89

2	9	6	3	7	8	1	4	5
4	8	3	5	6	1	2	7	9
5	7	1	9	4	2	6	8	3
9	6	8	2	1	3	4	5	7
3	4	7	6	8	5	9	1	2
1	5	2	4	9	7	3	6	8
8	3	5	1	2	4	7	9	6
7	1	9	8	3	6	5	2	4
6	2	4	7	5	9	8	3	1

90

4	5	7	6	3	8	9	1	2
6	9	3	2	1	5	8	7	4
2	8	1	7	4	9	5	6	3
3	4	5	8	2	6	7	9	1
1	7	6	9	5	4	3	2	8
8	2	9	1	7	3	6	4	5
5	1	2	3	9	7	4	8	6
7	3	8	4	6	2	1	5	9
9	6	4	5	8	1	2	3	7

91

5	2	7	6	3	1	8	9	4
9	4	1	7	8	5	2	6	3
6	3	8	9	2	4	1	7	5
7	8	6	3	4	9	5	1	2
3	5	9	2	1	8	6	4	7
4	1	2	5	6	7	9	3	8
2	6	5	4	9	3	7	8	1
1	7	3	8	5	6	4	2	9
8	9	4	1	7	2	3	5	6

92

7	8	1	5	4	9	6	3	2
4	3	9	7	6	2	1	8	5
6	5	2	3	1	8	4	9	7
2	7	5	9	3	6	8	1	4
8	4	3	2	5	1	7	6	9
1	9	6	4	8	7	2	5	3
9	6	4	1	7	3	5	2	8
5	2	8	6	9	4	3	7	1
3	1	7	8	2	5	9	4	6

Solutions

93

8	2	5	9	6	1	4	3	7
9	3	6	8	7	4	5	2	1
4	7	1	3	2	5	8	6	9
3	6	7	5	4	2	9	1	8
2	4	9	1	3	8	6	7	5
5	1	8	7	9	6	2	4	3
7	8	4	2	1	9	3	5	6
6	9	3	4	5	7	1	8	2
1	5	2	6	8	3	7	9	4

94

4	9	8	1	5	7	6	3	2
3	7	1	2	9	6	5	8	4
6	2	5	3	8	4	7	1	9
8	3	7	9	6	2	1	4	5
9	4	6	8	1	5	2	7	3
5	1	2	4	7	3	8	9	6
7	8	3	5	2	9	4	6	1
2	6	4	7	3	1	9	5	8
1	5	9	6	4	8	3	2	7

95

3	9	5	4	6	7	2	8	1
6	4	8	1	2	9	3	5	7
2	7	1	3	8	5	6	4	9
5	2	7	9	4	1	8	6	3
8	3	4	7	5	6	1	9	2
9	1	6	2	3	8	5	7	4
7	8	9	6	1	2	4	3	5
1	6	3	5	9	4	7	2	8
4	5	2	8	7	3	9	1	6

96

3	2	1	5	4	9	7	6	8
5	7	8	6	3	2	1	9	4
6	9	4	1	8	7	2	3	5
2	1	9	3	6	5	4	8	7
4	8	5	7	9	1	6	2	3
7	6	3	8	2	4	5	1	9
8	5	2	9	7	6	3	4	1
1	3	6	4	5	8	9	7	2
9	4	7	2	1	3	8	5	6

2	7	1	9	4	5	3	8	6
6	5	9	8	3	7	1	2	4
8	4	3	2	1	6	7	9	5
9	3	2	1	5	4	6	7	8
5	1	4	7	6	8	2	3	9
7	6	8	3	9	2	5	4	1
1	9	7	5	8	3	4	6	2
4	2	5	6	7	9	8	1	3
3	8	6	4	2	1	9	5	7

6	4	7	1	5	2	9	8	3
3	8	1	6	9	4	5	7	2
9	2	5	3	8	7	4	1	6
5	3	9	7	6	8	2	4	1
2	6	8	9	4	1	7	3	5
1	7	4	2	3	5	8	6	9
4	1	3	5	7	9	6	2	8
8	9	2	4	1	6	3	5	7
7	5	6	8	2	3	1	9	4

5	8	7	3	1	2	4	6	9
6	1	2	8	4	9	5	3	7
9	3	4	5	7	6	8	1	2
4	2	1	7	9	3	6	5	8
8	9	6	1	5	4	2	7	3
3	7	5	2	6	8	9	4	1
7	4	3	9	2	5	1	8	6
1	5	9	6	8	7	3	2	4
2	6	8	4	3	1	7	9	5

9	3	5	6	1	7	2	8	4
7	4	6	2	8	5	1	9	3
8	1	2	9	4	3	5	6	7
2	8	4	5	6	9	3	7	1
6	7	9	1	3	2	8	4	5
1	5	3	4	7	8	9	2	6
5	6	7	8	9	1	4	3	2
3	2	8	7	5	4	6	1	9
4	9	1	3	2	6	7	5	8

Solutions

101

3	5	8	1	9	6	4	7	2
9	7	1	5	2	4	3	8	6
2	6	4	7	3	8	1	5	9
1	8	6	4	7	2	9	3	5
5	4	2	9	6	3	8	1	7
7	9	3	8	5	1	6	2	4
4	1	9	2	8	5	7	6	3
6	2	7	3	1	9	5	4	8
8	3	5	6	4	7	2	9	1

102

5	6	3	7	1	4	2	9	8
2	1	7	9	6	8	4	3	5
4	8	9	3	5	2	7	1	6
7	9	4	1	2	6	5	8	3
8	3	2	5	9	7	1	6	4
1	5	6	8	4	3	9	2	7
3	2	1	4	8	5	6	7	9
9	4	8	6	7	1	3	5	2
6	7	5	2	3	9	8	4	1

103

2	5	8	9	6	1	4	3	7
7	1	3	2	8	4	9	5	6
4	9	6	7	5	3	8	1	2
5	6	2	3	4	9	7	8	1
1	3	9	8	7	2	5	6	4
8	7	4	5	1	6	3	2	9
3	4	7	1	2	5	6	9	8
9	8	1	6	3	7	2	4	5
6	2	5	4	9	8	1	7	3

104

1	6	5	4	9	3	8	2	7
3	7	4	2	1	8	9	6	5
2	8	9	5	6	7	4	1	3
9	5	2	1	8	6	3	7	4
7	3	6	9	2	4	5	8	1
4	1	8	3	7	5	2	9	6
5	2	1	6	3	9	7	4	8
8	9	3	7	4	1	6	5	2
6	4	7	8	5	2	1	3	9

105

8	5	1	6	4	3	9	2	7
7	2	6	9	5	1	8	3	4
3	9	4	7	8	2	5	6	1
2	3	7	5	9	4	6	1	8
4	8	5	3	1	6	7	9	2
6	1	9	2	7	8	3	4	5
9	4	8	1	6	5	2	7	3
5	7	3	4	2	9	1	8	6
1	6	2	8	3	7	4	5	9

106

1	8	6	9	5	4	2	3	7
5	7	3	2	8	1	6	9	4
2	9	4	7	6	3	1	5	8
8	1	7	3	9	5	4	2	6
4	5	9	6	1	2	8	7	3
3	6	2	8	4	7	9	1	5
7	4	1	5	2	8	3	6	9
9	3	8	1	7	6	5	4	2
6	2	5	4	3	9	7	8	1

107

5	4	3	1	8	9	2	7	6
9	2	8	6	5	7	3	4	1
6	1	7	3	2	4	9	5	8
8	6	4	2	9	3	7	1	5
3	7	2	5	1	8	4	6	9
1	5	9	7	4	6	8	3	2
4	9	5	8	7	1	6	2	3
2	8	6	4	3	5	1	9	7
7	3	1	9	6	2	5	8	4

108

1	9	7	5	6	4	3	2	8
6	5	3	2	8	7	1	4	9
4	8	2	9	1	3	5	7	6
2	7	5	8	9	6	4	3	1
9	4	8	1	3	5	2	6	7
3	1	6	7	4	2	9	8	5
8	6	9	4	2	1	7	5	3
7	2	1	3	5	8	6	9	4
5	3	4	6	7	9	8	1	2

109

8	5	6	1	9	4	7	2	3
4	7	3	2	5	6	1	8	9
2	1	9	3	7	8	5	4	6
7	4	5	9	1	3	8	6	2
1	6	8	7	4	2	9	3	5
3	9	2	6	8	5	4	1	7
5	3	1	4	6	7	2	9	8
9	2	7	8	3	1	6	5	4
6	8	4	5	2	9	3	7	1

110

1	6	3	8	5	7	9	2	4
7	2	9	6	4	1	5	8	3
4	5	8	2	3	9	1	7	6
9	8	2	7	6	3	4	1	5
5	1	6	4	8	2	7	3	9
3	7	4	1	9	5	8	6	2
6	9	5	3	7	8	2	4	1
2	3	7	9	1	4	6	5	8
8	4	1	5	2	6	3	9	7

111

4	2	9	3	1	8	6	7	5
8	1	7	6	4	5	9	3	2
6	5	3	9	2	7	8	1	4
7	9	4	5	6	1	2	8	3
3	6	5	2	8	9	7	4	1
1	8	2	4	7	3	5	9	6
9	4	8	1	5	6	3	2	7
5	3	1	7	9	2	4	6	8
2	7	6	8	3	4	1	5	9

112

7	8	2	1	3	5	4	6	9
3	9	6	7	2	4	1	5	8
1	5	4	8	9	6	3	2	7
9	3	5	2	1	7	8	4	6
6	4	7	5	8	3	9	1	2
8	2	1	4	6	9	5	7	3
5	6	8	9	7	1	2	3	4
2	1	3	6	4	8	7	9	5
4	7	9	3	5	2	6	8	1

113

2	1	5	9	8	4	7	6	3
6	8	9	2	3	7	5	1	4
7	3	4	5	1	6	2	8	9
8	6	7	3	2	9	1	4	5
5	2	3	4	6	1	8	9	7
4	9	1	8	7	5	6	3	2
1	4	6	7	5	3	9	2	8
3	5	8	6	9	2	4	7	1
9	7	2	1	4	8	3	5	6

114

7	8	1	9	2	4	3	5	6
3	4	5	6	1	7	2	8	9
2	6	9	8	3	5	4	1	7
6	9	8	4	5	3	1	7	2
4	2	3	1	7	6	5	9	8
1	5	7	2	8	9	6	3	4
9	1	2	5	6	8	7	4	3
5	3	4	7	9	2	8	6	1
8	7	6	3	4	1	9	2	5

115

6	4	1	2	8	3	5	7	9
7	2	8	9	5	4	3	1	6
9	3	5	1	7	6	4	8	2
3	8	6	7	2	5	1	9	4
1	5	4	6	3	9	7	2	8
2	9	7	4	1	8	6	3	5
8	6	9	3	4	1	2	5	7
5	1	2	8	6	7	9	4	3
4	7	3	5	9	2	8	6	1

116

5	1	4	2	7	8	6	3	9
3	8	6	9	4	1	2	7	5
7	9	2	5	3	6	4	8	1
2	4	7	6	1	9	3	5	8
9	3	8	7	2	5	1	4	6
1	6	5	3	8	4	7	9	2
6	5	1	4	9	3	8	2	7
8	7	3	1	5	2	9	6	4
4	2	9	8	6	7	5	1	3

117

8	7	6	1	3	5	9	4	2
1	2	4	9	7	6	8	3	5
9	5	3	4	8	2	7	1	6
4	9	5	3	6	1	2	7	8
3	1	2	7	5	8	4	6	9
7	6	8	2	9	4	3	5	1
5	3	1	8	2	7	6	9	4
6	8	9	5	4	3	1	2	7
2	4	7	6	1	9	5	8	3

118

6	5	8	2	9	1	3	7	4
9	3	2	7	5	4	1	8	6
4	1	7	6	3	8	9	5	2
5	4	9	3	1	7	6	2	8
2	7	1	4	8	6	5	3	9
8	6	3	9	2	5	7	4	1
7	9	4	5	6	2	8	1	3
1	2	6	8	7	3	4	9	5
3	8	5	1	4	9	2	6	7

119

4	9	2	1	5	8	3	7	6
8	3	1	2	7	6	5	9	4
6	7	5	4	3	9	8	2	1
7	8	6	3	2	1	9	4	5
2	5	4	9	6	7	1	3	8
3	1	9	5	8	4	7	6	2
9	2	8	7	4	5	6	1	3
5	4	7	6	1	3	2	8	9
1	6	3	8	9	2	4	5	7

120

8	5	3	4	7	1	6	9	2
7	9	2	6	8	5	4	3	1
4	6	1	2	9	3	8	7	5
6	1	8	3	5	7	9	2	4
2	7	9	8	4	6	5	1	3
3	4	5	9	1	2	7	6	8
1	2	4	5	6	9	3	8	7
5	3	6	7	2	8	1	4	9
9	8	7	1	3	4	2	5	6

121

9	1	5	3	7	8	6	2	4
4	8	6	2	5	9	7	1	3
3	7	2	4	6	1	8	9	5
6	4	9	7	8	3	1	5	2
1	5	3	6	2	4	9	7	8
8	2	7	1	9	5	4	3	6
7	3	8	9	4	2	5	6	1
2	9	4	5	1	6	3	8	7
5	6	1	8	3	7	2	4	9

122

4	5	9	6	1	8	7	2	3
3	2	1	4	5	7	6	8	9
6	7	8	9	3	2	1	4	5
9	3	7	8	6	5	2	1	4
2	4	5	7	9	1	3	6	8
8	1	6	2	4	3	5	9	7
5	6	2	3	8	9	4	7	1
7	8	3	1	2	4	9	5	6
1	9	4	5	7	6	8	3	2

123

7	9	6	1	3	4	8	5	2
1	3	2	8	5	9	7	4	6
8	4	5	7	2	6	9	1	3
3	8	1	2	6	7	5	9	4
5	2	4	3	9	1	6	7	8
6	7	9	5	4	8	3	2	1
4	1	3	9	8	5	2	6	7
2	5	7	6	1	3	4	8	9
9	6	8	4	7	2	1	3	5

124

4	6	3	7	1	5	9	8	2
2	7	5	8	9	4	3	1	6
9	1	8	2	6	3	4	5	7
6	5	9	4	7	8	1	2	3
1	2	4	6	3	9	5	7	8
8	3	7	1	5	2	6	4	9
5	4	6	3	8	7	2	9	1
7	9	1	5	2	6	8	3	4
3	8	2	9	4	1	7	6	5

125

4	6	5	3	2	9	7	8	1
2	9	7	1	6	8	4	5	3
1	3	8	7	4	5	2	9	6
9	7	3	5	1	2	8	6	4
6	4	1	8	3	7	9	2	5
5	8	2	4	9	6	3	1	7
8	1	4	9	5	3	6	7	2
3	2	9	6	7	1	5	4	8
7	5	6	2	8	4	1	3	9

126

4	8	5	6	1	7	3	9	2
6	9	1	3	5	2	8	4	7
2	7	3	9	4	8	5	6	1
8	6	7	5	3	9	2	1	4
3	2	4	8	7	1	6	5	9
1	5	9	4	2	6	7	8	3
7	1	6	2	9	5	4	3	8
5	4	2	1	8	3	9	7	6
9	3	8	7	6	4	1	2	5

127

1	7	3	9	6	8	2	4	5
9	6	4	3	2	5	7	1	8
5	2	8	4	7	1	6	9	3
2	9	1	8	3	4	5	7	6
3	4	6	2	5	7	1	8	9
8	5	7	1	9	6	3	2	4
7	3	9	6	4	2	8	5	1
4	8	5	7	1	3	9	6	2
6	1	2	5	8	9	4	3	7

128

3	4	8	6	1	2	9	5	7
9	5	2	3	7	8	4	6	1
1	7	6	5	9	4	2	3	8
8	9	1	4	2	3	6	7	5
4	6	5	9	8	7	3	1	2
2	3	7	1	5	6	8	4	9
5	2	4	8	3	1	7	9	6
7	1	3	2	6	9	5	8	4
6	8	9	7	4	5	1	2	3

129

2	5	8	9	4	7	1	6	3
1	7	6	3	2	8	5	9	4
4	3	9	1	5	6	7	8	2
6	1	5	4	8	2	3	7	9
9	4	3	6	7	1	2	5	8
7	8	2	5	3	9	6	4	1
8	6	1	7	9	3	4	2	5
3	9	4	2	6	5	8	1	7
5	2	7	8	1	4	9	3	6

130

4	7	3	9	2	8	6	5	1
1	2	5	4	3	6	8	9	7
8	6	9	1	5	7	3	4	2
2	1	7	5	9	3	4	8	6
9	4	8	6	1	2	5	7	3
5	3	6	7	8	4	2	1	9
3	9	2	8	4	1	7	6	5
6	5	4	2	7	9	1	3	8
7	8	1	3	6	5	9	2	4

131

2	8	9	5	7	3	6	1	4
4	5	7	1	6	9	2	3	8
1	3	6	8	2	4	5	9	7
7	1	5	6	8	2	9	4	3
8	9	2	3	4	5	1	7	6
6	4	3	7	9	1	8	2	5
3	6	8	9	1	7	4	5	2
5	2	1	4	3	6	7	8	9
9	7	4	2	5	8	3	6	1

132

6	5	4	8	7	9	1	3	2
2	1	7	5	3	4	8	6	9
3	9	8	2	6	1	5	7	4
7	4	6	9	1	3	2	5	8
8	2	1	4	5	7	3	9	6
9	3	5	6	8	2	4	1	7
4	7	2	1	9	5	6	8	3
5	8	3	7	2	6	9	4	1
1	6	9	3	4	8	7	2	5

133

1	8	7	6	9	4	2	5	3
4	2	6	5	3	8	7	1	9
9	5	3	1	7	2	4	6	8
2	1	8	3	4	5	6	9	7
6	4	9	8	2	7	5	3	1
7	3	5	9	6	1	8	4	2
3	7	2	4	1	6	9	8	5
5	6	1	2	8	9	3	7	4
8	9	4	7	5	3	1	2	6

134

8	6	3	2	4	7	5	9	1
5	9	2	3	1	8	7	4	6
7	1	4	9	5	6	8	3	2
1	8	6	4	3	5	9	2	7
2	3	5	7	9	1	6	8	4
9	4	7	8	6	2	3	1	5
6	7	9	1	2	3	4	5	8
3	2	8	5	7	4	1	6	9
4	5	1	6	8	9	2	7	3

135

1	2	6	4	5	9	7	3	8
9	7	8	3	2	1	6	4	5
3	4	5	6	7	8	9	1	2
8	3	2	5	1	7	4	9	6
6	5	1	9	3	4	2	8	7
7	9	4	8	6	2	1	5	3
2	8	9	7	4	5	3	6	1
4	6	7	1	8	3	5	2	9
5	1	3	2	9	6	8	7	4

136

7	8	1	5	9	4	2	6	3
2	6	4	7	3	8	1	5	9
3	9	5	1	6	2	8	7	4
8	1	7	6	2	9	4	3	5
4	2	9	8	5	3	7	1	6
5	3	6	4	7	1	9	8	2
9	7	8	3	4	6	5	2	1
1	4	3	2	8	5	6	9	7
6	5	2	9	1	7	3	4	8

1	9	7	4	6	8	3	2	5
2	5	6	1	7	3	9	8	4
8	3	4	5	9	2	7	6	1
4	6	1	8	5	7	2	9	3
5	2	3	6	1	9	4	7	8
7	8	9	3	2	4	1	5	6
3	7	5	2	8	1	6	4	9
6	4	2	9	3	5	8	1	7
9	1	8	7	4	6	5	3	2

7	2	9	1	5	6	4	8	3
6	4	1	8	3	9	5	2	7
5	8	3	7	4	2	1	9	6
4	9	7	5	2	8	6	3	1
3	6	2	4	7	1	8	5	9
1	5	8	6	9	3	2	7	4
9	7	4	2	6	5	3	1	8
8	3	5	9	1	4	7	6	2
2	1	6	3	8	7	9	4	5

139

2	1	3	8	6	7	9	4	5
8	5	6	9	3	4	2	7	1
4	7	9	5	1	2	3	8	6
9	6	7	3	8	1	4	5	2
5	8	4	7	2	9	1	6	3
3	2	1	6	4	5	7	9	8
1	9	8	2	7	6	5	3	4
7	3	2	4	5	8	6	1	9
6	4	5	1	9	3	8	2	7

140

2	5	1	8	6	3	9	4	7
8	7	6	9	5	4	3	1	2
9	3	4	2	7	1	8	6	5
5	4	7	3	1	6	2	9	8
1	9	3	5	8	2	4	7	6
6	8	2	4	9	7	5	3	1
7	2	8	1	4	9	6	5	3
4	6	5	7	3	8	1	2	9
3	1	9	6	2	5	7	8	4

141

6	8	7	3	2	5	1	9	4
5	1	9	4	6	8	2	7	3
3	2	4	7	1	9	6	5	8
9	6	1	2	8	3	5	4	7
2	4	3	6	5	7	8	1	9
8	7	5	9	4	1	3	2	6
7	3	2	1	9	6	4	8	5
4	5	6	8	7	2	9	3	1
1	9	8	5	3	4	7	6	2

142

9	7	4	8	5	2	1	3	6
5	6	3	7	9	1	4	2	8
8	2	1	4	3	6	7	5	9
6	4	2	3	1	7	8	9	5
7	3	5	9	8	4	6	1	2
1	8	9	6	2	5	3	7	4
2	1	7	5	6	8	9	4	3
4	9	8	2	7	3	5	6	1
3	5	6	1	4	9	2	8	7

143

9	2	4	6	1	3	7	8	5
3	7	8	9	4	5	1	2	6
6	5	1	2	8	7	9	3	4
7	6	2	4	3	8	5	1	9
8	9	3	1	5	6	4	7	2
4	1	5	7	2	9	3	6	8
2	4	9	8	7	1	6	5	3
5	8	7	3	6	4	2	9	1
1	3	6	5	9	2	8	4	7

144

7	2	6	9	1	4	3	8	5
8	5	9	6	7	3	4	2	1
4	3	1	5	2	8	7	6	9
9	6	4	7	3	5	8	1	2
2	7	3	8	9	1	6	5	4
5	1	8	2	4	6	9	7	3
3	8	7	4	5	2	1	9	6
6	4	5	1	8	9	2	3	7
1	9	2	3	6	7	5	4	8

Solutions

145

1	6	3	8	7	4	5	9	2
5	7	8	9	6	2	3	4	1
9	4	2	5	1	3	6	8	7
8	9	1	4	5	6	7	2	3
6	3	4	7	2	1	8	5	9
7	2	5	3	8	9	4	1	6
2	1	7	6	4	5	9	3	8
4	8	9	1	3	7	2	6	5
3	5	6	2	9	8	1	7	4

146

2	5	8	3	1	4	9	6	7
3	1	9	7	6	8	2	4	5
7	6	4	9	5	2	1	8	3
8	7	1	6	2	5	3	9	4
4	2	5	8	9	3	6	7	1
6	9	3	4	7	1	5	2	8
5	3	7	2	8	6	4	1	9
9	4	6	1	3	7	8	5	2
1	8	2	5	4	9	7	3	6

147

1	3	4	2	7	8	6	9	5
6	8	2	5	3	9	1	7	4
5	7	9	1	6	4	8	3	2
3	4	8	6	9	1	5	2	7
9	6	7	3	5	2	4	1	8
2	5	1	8	4	7	3	6	9
7	2	3	4	8	6	9	5	1
8	1	5	9	2	3	7	4	6
4	9	6	7	1	5	2	8	3

148

1	9	6	2	3	4	7	8	5
5	2	7	8	1	6	9	3	4
8	4	3	7	5	9	1	2	6
2	3	1	9	4	8	5	6	7
4	6	9	5	2	7	3	1	8
7	5	8	3	6	1	2	4	9
3	7	2	4	8	5	6	9	1
9	1	4	6	7	2	8	5	3
6	8	5	1	9	3	4	7	2

149

9	5	4	1	3	2	7	6	8
7	6	2	4	5	8	1	3	9
3	1	8	7	6	9	5	2	4
8	2	5	6	9	3	4	7	1
4	9	1	2	7	5	3	8	6
6	7	3	8	4	1	2	9	5
5	8	6	3	2	4	9	1	7
1	3	9	5	8	7	6	4	2
2	4	7	9	1	6	8	5	3

150

9	4	1	3	2	5	6	8	7
3	7	2	1	8	6	5	4	9
8	6	5	4	7	9	1	2	3
7	9	3	6	1	2	8	5	4
2	5	4	8	9	7	3	6	1
1	8	6	5	3	4	9	7	2
6	1	9	7	4	8	2	3	5
4	2	8	9	5	3	7	1	6
5	3	7	2	6	1	4	9	8

151

8	7	2	3	5	1	4	6	9
5	1	9	4	8	6	7	3	2
3	6	4	9	2	7	1	8	5
6	2	7	5	4	3	8	9	1
4	8	3	7	1	9	2	5	6
9	5	1	8	6	2	3	4	7
2	3	8	6	7	5	9	1	4
7	4	6	1	9	8	5	2	3
1	9	5	2	3	4	6	7	8

152

8	4	7	3	5	1	6	2	9
5	1	9	2	4	6	7	8	3
6	3	2	7	9	8	1	4	5
7	9	6	4	1	2	3	5	8
3	2	8	6	7	5	9	1	4
1	5	4	9	8	3	2	7	6
2	6	1	5	3	4	8	9	7
9	8	5	1	6	7	4	3	2
4	7	3	8	2	9	5	6	1

153

2	7	6	3	9	8	5	1	4
3	8	4	2	1	5	7	6	9
5	1	9	7	4	6	2	8	3
6	4	3	8	5	9	1	2	7
7	5	1	4	3	2	6	9	8
8	9	2	1	6	7	3	4	5
4	3	5	6	8	1	9	7	2
1	2	8	9	7	3	4	5	6
9	6	7	5	2	4	8	3	1

154

6	2	7	4	8	1	9	5	3
3	4	5	7	2	9	1	8	6
9	8	1	3	5	6	2	7	4
1	6	8	5	4	2	3	9	7
2	7	4	6	9	3	5	1	8
5	3	9	1	7	8	4	6	2
4	5	2	9	6	7	8	3	1
7	9	3	8	1	4	6	2	5
8	1	6	2	3	5	7	4	9

155

7	3	4	1	8	2	5	9	6
8	6	9	5	4	7	2	3	1
5	2	1	3	9	6	7	8	4
2	1	3	8	6	5	4	7	9
9	5	7	4	2	3	6	1	8
6	4	8	9	7	1	3	5	2
4	9	2	7	3	8	1	6	5
1	7	6	2	5	9	8	4	3
3	8	5	6	1	4	9	2	7

156

1	8	3	5	2	4	6	7	9
5	6	2	7	9	3	4	8	1
4	7	9	8	1	6	5	2	3
7	1	8	6	4	5	3	9	2
2	4	6	9	3	8	1	5	7
3	9	5	1	7	2	8	6	4
9	5	4	3	8	7	2	1	6
8	2	1	4	6	9	7	3	5
6	3	7	2	5	1	9	4	8

157

9	3	1	6	5	2	7	8	4
2	6	5	4	7	8	9	1	3
7	8	4	9	1	3	6	5	2
6	1	2	5	3	9	8	4	7
3	9	8	2	4	7	5	6	1
5	4	7	1	8	6	3	2	9
1	7	6	8	9	4	2	3	5
8	5	9	3	2	1	4	7	6
4	2	3	7	6	5	1	9	8

158

4	6	7	2	1	5	3	8	9
5	3	9	8	6	4	7	2	1
8	1	2	9	3	7	5	6	4
7	9	3	1	2	6	8	4	5
2	4	1	5	7	8	6	9	3
6	8	5	3	4	9	2	1	7
3	5	6	4	8	1	9	7	2
1	2	8	7	9	3	4	5	6
9	7	4	6	5	2	1	3	8

159

3	6	1	7	2	9	8	4	5
9	7	8	5	1	4	3	6	2
2	4	5	6	3	8	7	9	1
6	1	4	9	7	5	2	3	8
8	5	9	2	6	3	1	7	4
7	2	3	8	4	1	6	5	9
1	8	6	4	5	7	9	2	3
5	3	2	1	9	6	4	8	7
4	9	7	3	8	2	5	1	6

160

3	1	5	9	2	4	8	7	6
2	8	9	6	3	7	4	5	1
6	4	7	8	5	1	9	3	2
5	9	8	1	4	3	2	6	7
1	2	4	7	8	6	5	9	3
7	3	6	2	9	5	1	8	4
9	5	1	3	6	2	7	4	8
4	7	3	5	1	8	6	2	9
8	6	2	4	7	9	3	1	5

161

6	8	5	7	1	3	9	2	4
1	9	2	4	6	5	8	7	3
4	7	3	2	9	8	5	1	6
2	3	7	1	5	6	4	8	9
8	4	1	3	7	9	2	6	5
5	6	9	8	2	4	7	3	1
9	2	6	5	8	1	3	4	7
3	5	8	6	4	7	1	9	2
7	1	4	9	3	2	6	5	8

162

4	1	7	9	3	8	5	6	2
5	3	9	2	4	6	1	8	7
8	6	2	5	1	7	9	4	3
3	7	6	4	2	5	8	1	9
1	4	8	6	7	9	3	2	5
2	9	5	1	8	3	4	7	6
7	8	4	3	5	2	6	9	1
9	2	3	8	6	1	7	5	4
6	5	1	7	9	4	2	3	8

163

7	6	5	1	4	2	9	8	3
9	1	4	8	3	5	6	2	7
2	8	3	9	6	7	5	1	4
1	9	2	7	5	8	4	3	6
5	4	8	6	2	3	1	7	9
3	7	6	4	1	9	2	5	8
6	2	9	3	7	1	8	4	5
4	3	1	5	8	6	7	9	2
8	5	7	2	9	4	3	6	1

164

8	5	9	7	4	2	3	1	6
2	3	1	9	6	8	5	4	7
4	6	7	1	5	3	8	9	2
7	8	3	2	9	1	6	5	4
6	1	2	5	8	4	7	3	9
5	9	4	6	3	7	1	2	8
1	4	5	8	2	6	9	7	3
9	2	6	3	7	5	4	8	1
3	7	8	4	1	9	2	6	5

165

2	9	6	1	5	4	3	8	7
7	1	3	8	2	6	4	5	9
4	5	8	9	7	3	2	1	6
8	7	4	6	3	1	5	9	2
5	6	1	2	8	9	7	4	3
9	3	2	7	4	5	1	6	8
6	8	7	4	1	2	9	3	5
3	4	9	5	6	7	8	2	1
1	2	5	3	9	8	6	7	4

166

1	2	5	9	3	8	6	7	4
8	7	4	2	1	6	9	3	5
3	9	6	4	7	5	8	2	1
4	8	2	1	5	7	3	9	6
7	6	1	3	9	4	2	5	8
5	3	9	6	8	2	4	1	7
9	5	7	8	4	3	1	6	2
2	4	3	5	6	1	7	8	9
6	1	8	7	2	9	5	4	3

167

5	3	1	6	8	9	7	4	2
6	8	9	2	4	7	5	3	1
2	7	4	1	3	5	6	9	8
8	6	2	4	9	1	3	7	5
9	4	7	5	2	3	1	8	6
1	5	3	8	7	6	9	2	4
3	1	8	9	6	4	2	5	7
4	9	5	7	1	2	8	6	3
7	2	6	3	5	8	4	1	9

168

3	7	4	2	9	6	8	1	5
2	1	5	3	8	7	4	9	6
9	8	6	5	4	1	2	7	3
5	4	2	7	3	8	9	6	1
1	6	9	4	5	2	3	8	7
7	3	8	6	1	9	5	4	2
8	5	3	1	7	4	6	2	9
6	9	1	8	2	5	7	3	4
4	2	7	9	6	3	1	5	8

169

9	4	5	1	6	3	8	2	7
2	1	8	5	4	7	3	6	9
3	7	6	2	8	9	4	1	5
8	5	9	7	3	6	1	4	2
6	2	4	9	5	1	7	3	8
7	3	1	4	2	8	5	9	6
5	6	2	8	1	4	9	7	3
4	9	3	6	7	5	2	8	1
1	8	7	3	9	2	6	5	4

170

4	1	7	2	6	9	8	3	5
3	5	9	1	7	8	4	2	6
2	8	6	5	3	4	9	1	7
8	7	5	6	2	1	3	4	9
6	2	3	4	9	7	1	5	8
9	4	1	3	8	5	6	7	2
1	9	8	7	5	3	2	6	4
5	6	4	8	1	2	7	9	3
7	3	2	9	4	6	5	8	1

171

8	2	4	9	6	3	5	1	7
6	7	9	4	1	5	2	8	3
3	1	5	7	8	2	6	4	9
7	8	2	6	4	1	3	9	5
1	5	6	3	7	9	4	2	8
9	4	3	5	2	8	7	6	1
4	9	7	8	3	6	1	5	2
2	6	8	1	5	7	9	3	4
5	3	1	2	9	4	8	7	6

172

8	6	2	5	7	3	4	1	9
5	4	1	9	2	6	8	7	3
9	7	3	1	8	4	6	5	2
3	8	7	6	1	9	2	4	5
2	1	4	8	3	5	7	9	6
6	9	5	7	4	2	3	8	1
7	5	8	2	6	1	9	3	4
1	3	6	4	9	8	5	2	7
4	2	9	3	5	7	1	6	8

2	3	8	7	9	6	1	5	4
1	7	5	4	8	2	3	9	6
4	9	6	1	3	5	2	8	7
3	1	4	6	5	8	7	2	9
8	5	9	2	7	4	6	3	1
7	6	2	9	1	3	8	4	5
5	4	3	8	6	1	9	7	2
6	2	7	3	4	9	5	1	8
9	8	1	5	2	7	4	6	3

5	3	1	9	6	8	7	2	4
6	7	9	2	4	1	8	3	5
4	8	2	7	3	5	6	1	9
2	4	7	8	5	6	1	9	3
8	9	3	4	1	7	5	6	2
1	6	5	3	9	2	4	8	7
7	5	6	1	2	9	3	4	8
9	1	4	5	8	3	2	7	6
3	2	8	6	7	4	9	5	1

175

1	2	4	3	8	6	9	7	5
5	6	7	1	9	2	3	8	4
9	3	8	5	7	4	6	1	2
7	8	3	6	5	9	2	4	1
2	1	5	4	3	7	8	9	6
6	4	9	2	1	8	7	5	3
4	9	2	8	6	1	5	3	7
8	5	1	7	2	3	4	6	9
3	7	6	9	4	5	1	2	8

176

2	6	1	3	4	5	7	9	8
4	3	9	6	8	7	2	1	5
5	8	7	2	9	1	6	3	4
7	5	2	9	6	4	1	8	3
3	1	4	5	7	8	9	6	2
8	9	6	1	2	3	4	5	7
6	7	3	4	5	9	8	2	1
1	2	8	7	3	6	5	4	9
9	4	5	8	1	2	3	7	6

177

1	4	9	5	2	3	6	8	7
2	3	5	7	8	6	1	4	9
6	7	8	4	1	9	2	5	3
8	9	4	1	5	2	7	3	6
3	1	6	9	4	7	8	2	5
5	2	7	3	6	8	9	1	4
9	8	3	2	7	5	4	6	1
7	6	1	8	3	4	5	9	2
4	5	2	6	9	1	3	7	8

178

5	1	4	2	7	8	9	3	6
6	3	2	9	4	5	1	7	8
8	7	9	3	1	6	2	4	5
2	5	6	4	3	1	8	9	7
9	4	7	8	5	2	3	6	1
3	8	1	7	6	9	4	5	2
7	6	3	1	8	4	5	2	9
4	2	8	5	9	7	6	1	3
1	9	5	6	2	3	7	8	4

179

5	7	6	2	8	9	4	3	1
8	1	4	7	6	3	2	9	5
9	2	3	5	4	1	8	6	7
1	6	8	9	5	2	7	4	3
7	3	2	4	1	6	5	8	9
4	9	5	3	7	8	6	1	2
6	4	7	1	9	5	3	2	8
2	8	9	6	3	7	1	5	4
3	5	1	8	2	4	9	7	6

180

9	4	5	6	3	1	2	8	7
3	8	1	7	2	4	6	9	5
2	6	7	9	5	8	3	4	1
6	1	8	2	4	9	5	7	3
4	5	2	3	1	7	9	6	8
7	3	9	8	6	5	4	1	2
8	2	4	1	9	3	7	5	6
5	7	3	4	8	6	1	2	9
1	9	6	5	7	2	8	3	4

181

2	9	4	6	3	7	5	8	1
7	3	6	5	1	8	4	9	2
8	1	5	2	4	9	7	3	6
3	5	9	4	6	2	8	1	7
6	2	8	1	7	3	9	5	4
1	4	7	8	9	5	6	2	3
9	7	2	3	5	6	1	4	8
5	8	1	7	2	4	3	6	9
4	6	3	9	8	1	2	7	5

182

2	8	3	9	7	6	1	4	5
7	1	5	4	8	3	6	2	9
6	9	4	5	2	1	7	3	8
5	2	7	1	4	9	8	6	3
3	6	9	8	5	2	4	7	1
1	4	8	6	3	7	5	9	2
9	3	1	7	6	5	2	8	4
4	5	6	2	9	8	3	1	7
8	7	2	3	1	4	9	5	6

183

2	1	4	3	9	7	5	6	8
6	5	3	8	4	1	2	9	7
8	9	7	2	5	6	4	1	3
4	3	5	1	8	2	6	7	9
1	2	9	6	7	5	3	8	4
7	6	8	4	3	9	1	2	5
5	8	1	7	2	3	9	4	6
3	4	6	9	1	8	7	5	2
9	7	2	5	6	4	8	3	1

184

3	8	4	7	5	2	9	1	6
5	2	6	1	3	9	7	4	8
7	9	1	8	4	6	3	5	2
9	4	7	3	8	1	2	6	5
6	3	2	4	9	5	1	8	7
8	1	5	2	6	7	4	9	3
2	7	8	6	1	4	5	3	9
4	5	3	9	2	8	6	7	1
1	6	9	5	7	3	8	2	4

Solutions

185

4	6	8	9	7	5	1	2	3
3	7	5	2	1	6	8	4	9
9	2	1	8	4	3	7	6	5
2	5	7	1	8	9	4	3	6
8	9	6	7	3	4	5	1	2
1	3	4	5	6	2	9	7	8
5	4	2	3	9	1	6	8	7
7	1	3	6	5	8	2	9	4
6	8	9	4	2	7	3	5	1

186

9	6	3	5	7	1	8	4	2
5	4	7	2	6	8	9	1	3
2	1	8	9	4	3	6	7	5
1	8	5	7	2	9	4	3	6
6	7	9	3	1	4	5	2	8
3	2	4	8	5	6	1	9	7
7	9	2	4	8	5	3	6	1
4	5	1	6	3	2	7	8	9
8	3	6	1	9	7	2	5	4

187

7	4	9	5	2	3	6	8	1
2	5	3	8	6	1	7	9	4
1	6	8	9	7	4	2	5	3
6	8	2	7	4	9	1	3	5
4	1	7	3	5	8	9	2	6
9	3	5	2	1	6	4	7	8
5	9	6	1	8	2	3	4	7
3	7	4	6	9	5	8	1	2
8	2	1	4	3	7	5	6	9

188

9	6	1	3	2	4	5	7	8
4	7	5	1	6	8	9	3	2
8	2	3	9	5	7	1	4	6
2	4	6	8	1	5	3	9	7
5	9	8	7	4	3	2	6	1
1	3	7	6	9	2	4	8	5
3	5	2	4	7	6	8	1	9
6	8	9	2	3	1	7	5	4
7	1	4	5	8	9	6	2	3

189

5	9	3	8	2	4	1	6	7
4	1	7	3	9	6	5	8	2
6	2	8	1	5	7	4	9	3
7	8	5	2	4	9	3	1	6
2	4	1	6	8	3	7	5	9
3	6	9	7	1	5	8	2	4
8	5	4	9	7	2	6	3	1
1	3	2	4	6	8	9	7	5
9	7	6	5	3	1	2	4	8

190

1	6	9	3	5	4	8	2	7
4	2	8	9	7	6	3	5	1
3	5	7	2	1	8	6	4	9
5	3	1	6	2	9	7	8	4
9	8	4	5	3	7	2	1	6
2	7	6	8	4	1	5	9	3
7	9	3	4	8	2	1	6	5
8	4	5	1	6	3	9	7	2
6	1	2	7	9	5	4	3	8

F	7	B	3	E	8	A	4	1	0	C	6	2	9	5	D
2	9	1	A	F	6	0	3	8	5	D	7	E	4	B	C
0	5	8	6	9	C	D	7	4	B	2	E	A	F	3	1
4	C	D	E	1	2	5	B	9	3	A	F	7	8	6	0
E	0	5	B	3	4	2	F	6	7	8	9	D	1	C	A
1	4	A	8	B	D	C	6	0	E	F	5	9	3	7	2
3	2	9	F	7	5	1	E	D	C	B	A	6	0	4	8
D	6	7	C	A	0	9	8	3	2	4	1	B	E	F	5
9	B	E	D	2	1	3	0	C	8	6	4	F	5	A	7
8	F	4	5	6	9	E	A	7	D	1	2	C	B	0	3
6	A	C	0	8	7	4	5	B	F	E	3	1	2	D	9
7	3	2	1	D	B	F	C	5	A	9	0	4	6	8	E
5	8	F	9	C	A	6	1	2	4	0	D	3	7	E	B
A	1	3	7	4	F	B	D	E	9	5	8	0	C	2	6
B	D	0	2	5	E	7	9	F	6	3	C	8	A	1	4
C	E	6	4	0	3	8	2	A	1	7	B	5	D	9	F

C	4	A	1	5	F	7	B	6	3	8	D	0	E	9	2
8	D	B	E	4	9	2	3	0	A	F	C	1	6	5	7
6	2	9	5	C	D	8	0	7	1	E	B	F	A	3	4
3	0	7	F	6	E	A	1	4	5	2	9	D	B	C	8
D	3	8	9	0	B	6	C	5	E	1	4	A	2	7	F
7	1	2	C	A	4	3	9	D	8	B	F	E	5	0	6
4	A	F	6	2	1	5	E	C	0	7	3	9	D	8	B
B	5	E	0	D	8	F	7	9	2	6	A	C	3	4	1
A	8	6	3	1	7	C	D	2	9	5	E	B	4	F	0
E	B	5	7	3	0	4	6	8	F	A	1	2	9	D	C
1	9	C	4	B	2	E	F	3	D	0	6	8	7	A	5
0	F	D	2	8	5	9	A	B	C	4	7	6	1	E	3
5	6	1	A	7	C	D	2	F	4	9	8	3	0	B	E
9	E	4	8	F	3	0	5	1	B	D	2	7	C	6	A
F	7	3	B	9	A	1	4	E	6	C	0	5	8	2	D
2	C	0	D	E	6	B	8	A	7	3	5	4	F	1	9

0	1	9	6	3	E	C	D	A	4	8	5	2	F	7	B
3	C	E	4	8	2	F	9	B	D	7	1	5	A	6	0
5	8	2	B	1	A	7	4	6	0	F	3	C	9	D	E
D	A	7	F	5	6	0	B	C	2	9	E	3	1	8	4
8	2	4	3	9	B	D	7	1	F	E	6	A	C	0	5
A	E	0	7	F	5	6	C	D	9	2	B	8	3	4	1
F	D	B	1	4	3	8	2	0	5	A	C	7	E	9	6
6	9	C	5	E	1	A	0	4	7	3	8	F	2	B	D
2	F	1	8	7	0	9	5	3	E	D	4	6	B	A	C
C	3	6	D	2	8	4	A	7	B	1	0	E	5	F	9
4	0	A	E	B	C	1	3	F	6	5	9	D	8	2	7
B	7	5	9	D	F	E	6	2	8	C	A	4	0	1	3
E	5	F	C	6	7	2	1	9	A	0	D	B	4	3	8
1	B	D	0	A	4	3	E	8	C	6	2	9	7	5	F
9	4	8	A	0	D	5	F	E	3	B	7	1	6	C	2
7	6	3	2	C	9	B	8	5	1	4	F	0	D	E	A

F	8	6	4	E	A	7	3	C	B	D	1	9	0	5	2
A	5	B	C	0	4	1	F	9	6	2	3	D	7	E	8
0	E	7	2	8	D	6	9	F	A	4	5	3	1	C	B
3	9	D	1	B	5	2	C	0	7	E	8	F	6	A	4
6	2	1	B	4	E	5	A	8	3	7	D	C	9	F	0
D	F	0	8	3	7	C	B	2	5	6	9	E	4	1	A
5	3	9	E	6	1	F	D	A	C	0	4	8	2	B	7
4	C	A	7	9	0	8	2	E	1	F	B	6	3	D	5
2	B	C	D	A	9	E	1	7	F	8	0	4	5	3	6
9	6	F	A	2	3	B	7	5	4	1	C	0	E	8	D
8	7	4	3	F	6	0	5	B	D	9	E	1	A	2	C
1	0	E	5	C	8	D	4	3	2	A	6	B	F	7	9
C	1	5	6	7	F	9	8	4	E	B	A	2	D	0	3
B	D	8	F	1	2	3	0	6	9	5	7	A	C	4	E
E	4	2	0	5	C	A	6	D	8	3	F	7	B	9	1
7	A	3	9	D	B	4	E	1	0	C	2	5	8	6	F

195

8	C	A	B	E	3	0	9	F	D	7	6	4	5	1	2
4	9	1	E	F	5	6	7	2	C	B	8	0	3	D	A
3	0	2	6	4	C	D	B	A	9	5	1	E	8	F	7
F	7	5	D	A	8	2	1	E	3	0	4	9	6	C	B
B	A	F	3	0	7	E	4	C	6	8	9	2	1	5	D
1	6	8	4	D	9	B	5	3	0	2	E	7	F	A	C
2	E	9	7	3	A	F	C	D	1	4	5	6	B	0	8
C	D	0	5	6	2	1	8	7	F	A	B	3	9	4	E
7	2	E	A	5	D	C	6	9	4	F	3	8	0	B	1
0	1	C	9	7	F	3	2	8	B	E	D	5	A	6	4
5	B	6	F	8	E	4	A	1	2	C	0	D	7	3	9
D	3	4	8	1	B	9	0	5	7	6	A	C	E	2	F
A	5	3	2	C	1	7	D	0	8	9	F	B	4	E	6
9	4	7	C	B	0	5	F	6	E	1	2	A	D	8	3
E	8	B	1	2	6	A	3	4	5	D	7	F	C	9	0
6	F	D	0	9	4	8	E	B	A	3	C	1	2	7	5

Solutions

1	C	5	0	E	6	F	A	4	7	2	9	3	D	B	8
9	7	A	2	0	1	8	3	6	B	E	D	4	F	5	C
D	8	F	4	C	7	B	2	A	5	1	3	6	E	0	9
3	E	6	B	9	5	D	4	0	F	8	C	2	7	1	A
5	2	3	8	F	D	0	7	C	A	4	E	9	1	6	B
E	F	1	6	A	3	9	B	2	8	5	7	C	0	D	4
7	B	D	C	1	4	2	6	3	0	9	F	A	5	8	E
4	0	9	A	8	C	E	5	D	1	B	6	F	3	2	7
C	A	B	1	D	8	4	F	7	E	6	0	5	9	3	2
2	5	4	F	6	E	3	1	9	C	D	8	B	A	7	0
6	3	E	9	7	B	5	0	1	2	F	A	8	4	C	D
8	D	0	7	2	A	C	9	B	4	3	5	1	6	E	F
F	6	8	D	4	0	1	C	5	9	7	B	E	2	A	3
A	1	2	3	B	9	7	D	E	6	C	4	0	8	F	5
B	4	7	E	5	2	A	8	F	3	0	1	D	C	9	6
0	9	C	5	3	F	6	E	8	D	A	2	7	B	4	1

B	A	D	6	3	1	7	E	C	2	F	0	8	5	4	9
9	3	8	2	B	4	C	A	6	E	D	5	1	F	7	0
5	4	7	C	F	0	D	8	3	B	1	9	A	2	6	E
1	0	E	F	6	9	5	2	A	7	8	4	D	B	C	3
2	B	1	E	0	A	8	F	D	4	5	7	6	3	9	C
0	9	A	7	5	D	2	4	E	6	3	C	B	8	F	1
D	5	C	8	E	6	9	3	1	F	0	B	7	4	A	2
6	F	4	3	1	7	B	C	9	8	2	A	0	E	5	D
E	2	B	4	C	5	6	0	8	D	7	3	F	9	1	A
3	D	5	A	7	8	F	9	4	1	B	E	C	0	2	6
C	7	6	0	4	3	1	B	2	A	9	F	5	D	E	8
8	1	F	9	A	2	E	D	0	5	C	6	3	7	B	4
7	E	9	D	2	F	3	1	B	C	6	8	4	A	0	5
F	8	2	5	9	C	4	6	7	0	A	D	E	1	3	B
4	6	0	1	8	B	A	5	F	3	E	2	9	C	D	7
A	C	3	B	D	E	0	7	5	9	4	1	2	6	8	F

4	2	C	E	0	3	1	5	7	F	B	D	A	6	8	9
0	3	D	9	B	6	F	C	4	A	1	8	7	2	5	E
1	F	6	B	8	A	7	E	9	C	2	5	3	D	4	0
8	5	A	7	D	4	9	2	0	3	E	6	B	1	F	C
3	4	2	A	9	0	6	1	F	E	D	7	C	8	B	5
7	E	0	6	5	F	8	B	C	4	9	2	1	3	D	A
D	C	F	8	A	E	2	7	B	1	5	3	9	0	6	4
9	B	1	5	C	D	4	3	6	0	8	A	2	F	E	7
B	7	9	F	6	C	E	D	3	2	A	0	5	4	1	8
2	6	4	C	1	8	3	9	D	5	7	E	0	B	A	F
A	0	8	3	2	B	5	4	1	6	C	F	E	9	7	D
5	D	E	1	F	7	0	A	8	9	4	B	6	C	2	3
6	1	7	4	3	2	A	F	5	8	0	C	D	E	9	B
F	9	B	D	E	5	C	0	2	7	6	4	8	A	3	1
E	8	3	0	7	9	D	6	A	B	F	1	4	5	C	2
C	A	5	2	4	1	B	8	E	D	3	9	F	7	0	6

B	0	A	1	8	2	E	4	3	9	F	7	6	C	5	D
6	9	4	2	C	A	F	7	0	D	5	B	1	8	3	E
E	C	7	5	B	6	D	3	2	A	1	8	F	0	4	9
F	D	3	8	9	1	5	0	6	C	E	4	B	7	2	A
2	E	9	A	5	C	6	1	B	F	3	0	8	4	D	7
7	3	D	B	F	E	0	9	8	4	6	2	A	5	C	1
4	F	0	C	7	8	A	D	1	5	9	E	3	6	B	2
5	1	8	6	4	3	2	B	C	7	A	D	E	9	0	F
1	5	2	E	D	F	3	C	9	6	7	A	0	B	8	4
8	A	6	3	E	4	9	2	5	0	B	1	7	D	F	C
D	B	C	9	A	0	7	6	E	8	4	F	5	2	1	3
0	4	F	7	1	5	B	8	D	2	C	3	9	A	E	6
9	2	5	4	3	D	1	F	A	B	0	6	C	E	7	8
3	6	1	0	2	B	4	A	7	E	8	C	D	F	9	5
A	8	E	F	0	7	C	5	4	3	D	9	2	1	6	B
C	7	B	D	6	9	8	E	F	1	2	5	4	3	A	0

0	2	F	A	6	B	5	D	8	1	E	4	3	9	C	7
3	B	E	6	C	9	8	F	7	0	5	A	1	D	2	4
5	1	D	9	E	7	4	0	C	3	2	B	8	6	F	A
8	7	C	4	A	2	3	1	F	9	6	D	5	B	0	E
9	3	4	7	D	E	2	C	5	A	0	1	6	8	B	F
D	A	8	E	5	4	1	7	6	B	C	F	0	3	9	2
B	C	1	F	8	0	9	6	D	2	3	E	7	A	4	5
2	0	6	5	B	F	A	3	4	7	8	9	E	C	D	1
E	F	7	D	3	5	6	9	B	8	1	2	4	0	A	C
A	4	5	C	0	8	E	2	9	6	F	3	D	7	1	B
1	8	B	3	F	D	7	A	E	C	4	0	2	5	6	9
6	9	0	2	4	1	C	B	A	5	D	7	F	E	3	8
C	E	2	B	1	6	0	8	3	F	9	5	A	4	7	D
4	6	A	8	7	3	F	5	2	D	B	C	9	1	E	0
F	D	3	0	9	A	B	4	1	E	7	8	C	2	5	6
7	5	9	1	2	C	D	E	0	4	A	6	B	F	8	3

About the Author

Mark Huckvale is a Senior Lecturer in the Department of Phonetics and Linguistics at University College London. Trained as a scientist and engineer, he uses computers to research into the working of human speech. He was approached by the *Independent* newspaper in April 2005 to design Su Doku puzzles for their daily games page and Super Su Doku puzzles for their prize competitions.

Original Su Doku Books from Newmarket Press

THE BIG BOOK OF SU DOKU #1 features 200 brand new puzzles, arranged in increasing order of difficulty, from the easiest Mini Su Doku puzzles up to the new 16 x 16 Super Su Doku. It also contains tips and basic rules to get you started.
The Big Book of Su Doku # 1 • 320 pp • 5⅜" x 8¼" • 1-55704-703-0 • $8.95

THE BIG BOOK OF SU DOKU #2 is even bigger and more challenging, with 250 puzzles including basic 9 x 9 grids, and Maxi and Super puzzles (12 x 12 and 16 x 16 grids), plus the devilish Double Puzzles and with-a-twist Jigsaw Puzzles.
The Big Book of Su Doku # 2 • 400 pp • 5⅜" x 8¼" • 1-55704-704-9 • $8.95

The Big Book of Su Doku #1 & #2 are compiled by Mark Huckvale, a linguistics professor at University College London and the Su Doku puzzle editor for the British newspaper *The Independent.*

JUNIOR SU DOKU, created especially for kids ages 8 and up, contains over 120 puzzles using numbers, words, and shapes, ranging from easy 4 x 4 grids to the more challenging 6 x 6 and finally to the classic 9 x 9 puzzles.
Junior Su Doku • 112 pp • 5⅜" x 8¼" • 1-55704-706-5 • $4.95

JUNIOR SU DOKU CHRISTMAS contains over 140 kid-friendly puzzles using numbers and Christmas-themed words and shapes. Beginning with easy 4 x 4 grids, the puzzles gradually increase in difficulty to the more complex 6 x 6 and finally the well-known 9 x 9 puzzles.
Junior Su Doku Christmas • 128 pages • 5⅜" x 8¼" • 1-55704-707-3 • $4.95